公開霊言 古代インカの王

リエント・アール・クラウドの本心

大川隆法
RYUHO OKAWA

本霊言は、2017年12月24日、幸福の科学 特別説法堂にて、
公開収録された（写真）。

まえがき

なにしろ「はるかなる」話である。時間としても、七千年もさかのぼる。空間としては、宇宙のかなたまでつながっていく。

そして、古代インカの王だったという大霊《たいれい》が、パラレル・ワールドを語り、〝グーグル教〟や、〝マイクロソフト教〟が、現代文明を滅ぼす危機にまで言及《げんきゅう》するのだから。

単純に信じろという方《ほう》が無理かもしれない。

しかし、本書で語られている内容は、一九八一年三月に私が大悟《たいご》してから三十七年間変わらずに伝えられてくる〝真理〟なのである。

現在ただ今の人間には、非現実に感じられるからこそ、本物の霊言《れいげん》ともいえるかもしれない。
過去を知ることが未来を知ることにつながり、未来を知ることが過去を知ることになる。こうした『循環《じゅんかん》宇宙論』が、あなたの前に展開されていくことだろう。

二〇一八年　一月二十六日
幸福《こうふく》の科学《かがく》グループ創始者兼総裁《そうししゃけんそうさい》　大川隆法《おおかわりゅうほう》

公開霊言　古代インカの王 リエント・アール・クラウドの本心　目次

まえがき　1

公開霊言《れいげん》　古代インカの王
リエント・アール・クラウドの本心

二〇一七年十二月二十四日　霊示《れいじ》
幸福の科学　特別説法堂《せっぽうどう》にて

1　宇宙への〝神秘の鍵《かぎ》〟を持っている古代インカの王　13
資料が少ない古代インカの王「リエント・アール・クラウド」　13
古代文明の王の考え方や思想を探《さぐ》る　16

2　七千年前の古代インカ文明とは　22

アトランティス文明の後継者《こうけいしゃ》だった古代インカ文明　22
密林に埋《う》もれた古代インカ文明の歴史とは　25
なぜ高い所に文明を築いていったのか　29

3　クラウド王の「人物」と「教え」　34

王家の先祖は、アトランティスから逃《のが》れてきた「高級貴族 兼《けん》 神官《しんかん》」　34
アトランティス譲《ゆず》りの「秘伝《ひでん》」を持っていたクラウド王　36
「天空から来る宇宙人」について判定する神官のような役割　39
アニミズムに近いものだった土着《どちゃく》の信仰《しんこう》　41

「魂《たましい》を高めるにはどうすべきか」という教えを説いた　45
宇宙とも交流しつつ出来上がっていった特異な文明　47
三分裂《ぶんれつ》して引き継《つ》がれていったアトランティス文明　50

4　クラウド王の時代の「信仰」と「修行《しゅぎょう》」　54

修行①――「瞑想《めいそう》」や「祈《いの》り」を通して心を透明《とうめい》化する　54
修行②――もう一段高い霊界《れいかい》の次元に参入する　57
部族や信仰の違《ちが》いで起こる戦い　60

5　「エル・カンターレ」とはどのような存在か　64

クラウド王は「宇宙の法門《ほうもん》」にかかわっている　64

預言者もエル・カンターレのすべてを表すことはできなかった　68
「至高神」の存在を信じ、認識し、その教えを信奉《しんぽう》すること　71

6　AIが〝神〟とされる時代が来る　74

人工知能が出てきて〝機械信仰〟が強くなってくる？　74
コンピュータ文明のなかでの「正邪《せいじゃ》・善悪」の判断　77

7　宇宙と交流する時代に必要な「正しさの基準」とは　82

国々の争いに介入《かいにゅう》して契約《けいやく》を結ぶ宇宙人が出てくる　82
今後数十年で「地球で起きること」、「心を正す教え」の大切さ　86

8 「時間の循環《じゅんかん》」と「パラレルワールド」の秘密 90
宇宙の全体の仕組みを知っている存在とは 90
宇宙交流時代のクラウド王の役割とは 94
「エル・カンターレの法」の確立と、今という時代の意味 96
9 これから予測される未来、そして人類の選択《せんたく》は？ 99
今、〝グーグル教〟や〝マイクロソフト教〟が立ち上がっている 99
マスコミに操作されている日本の民主主義政治 101
巨大《きょだい》マスコミによる僭主《せんしゅ》政治 105
「一神教のイスラム国家」と「唯物論《ゆいぶつろん》の中国」の帰趨《きすう》が大きな指標に 109
「文明の消滅《しょうめつ》」に瀕《ひん》し、人類は神の名を呼ぶしかなくなる？ 114

10　文明崩壊《ほうかい》への危惧《きぐ》を示したクラウド王の霊言　118
あとがき　122

「霊言現象《れいげん》」とは、あの世の霊存在の言葉を語り下ろす現象のことをいう。これは高度な悟《さと》りを開いた者に特有のものであり、「霊媒現象《れいばい》」(トランス状態になって意識を失い、霊が一方的にしゃべる現象)とは異なる。外国人霊の霊言の場合には、霊言現象を行う者の言語中枢《ちゅうすう》から、必要な言葉を選び出し、日本語で語ることも可能である。

なお、「霊言」は、あくまでも霊人《れいじん》の意見であり、幸福の科学グループとしての見解と矛盾《むじゅん》する内容を含《ふく》む場合がある点、付記しておきたい。

公開霊言《れいげん》　古代インカの王
リエント・アール・クラウドの本心

二〇一七年十二月二十四日　霊示《れいじ》
幸福の科学　特別説法堂《せっぽうどう》にて

リエント・アール・クラウド
『太陽の法』（幸福の科学出版刊）等で明らかにされている、約七千年前の古代インカの王。地球系霊団《れいだん》の至高神であるエル・カンターレの分身の一人であり、九次元存在。当時、宇宙人を神と崇《あが》めていたインカの人々に対し、「宇宙人は神ではない」と明言し、心の世界の神秘を説いた。

質問者　※質問順
酒井太守《さかいたいしゅ》（幸福の科学宗務《しゅうむ》本部担当理事長特別補佐《ほさ》）
武田亮《たけだりょう》（幸福の科学副理事長 兼 宗務本部長）
大川直樹《おおかわなおき》（幸福の科学常務理事 兼 宗務本部第二秘書局担当）
［役職は収録時点のもの］

1　宇宙への〝神秘の鍵《かぎ》〟を持っている古代インカの王

資料が少ない古代インカの王「リエント・アール・クラウド」

大川隆法　今日は、「リエント・アール・クラウドの本心」と題し、霊言《れいげん》をしようかと思っています。
すでに、私の魂《たましい》の兄弟のなかに、七千年ほど前の古代インカの国王だったリエント・アール・クラウドという方がいるらしいということは出てきているのですが、資料が少ないのです。
●昔の霊言集で少しだけ出したことはありますが、収録日は一九八五年五月四

●昔の霊言集で少しだけ出した……　『大川隆法霊言全集』第6巻（宗教法人幸福の科学刊）所収の第3章「新しい地球文明に向けて（リエント・アール・クラウドの霊言）」参照。

日ですから、幸福の科学の立宗《りっしゅう》よりも一年ちょっと前ぐらいになります。最初は日本語でない言葉で語っていたようですが、「教え」としては少ししか出ていません。

また、『太陽の法』（幸福の科学出版刊）では、「七千年ほど前の王様」として紹介《しょうかい》され、「神の存在は外部にあるのではなく、心の奥底《おくそこ》にあるのだと説きました」などと出ています。

さらに、これも初期の教えではありますが、『ユートピア創造論』（幸福の科学出版刊）では、「宗教家であると同時に政治家であり、また、科学的な知識をも有している人でした」ということが述べられていました。

今でも、南米のほうでは、「ＵＦＯが飛んでいるのを

『ユートピア創造論』
（幸福の科学出版刊）

目撃《もくげき》した」といった話がよくありますけれども、古代インカの時代にも飛んでいたようであり、当時、それを神と崇《あが》める人も多かったわけです。そういう人々に対し、リエント・アール・クラウドは、祭壇《さいだん》の前の火の上で気球を飛ばしたりしてみせて、「空を飛ぶこと自体が神の条件ではない」というようなことを言ったという話も出ています。

また、当会が製作したアニメーション映画（二〇〇〇年公開「太陽の法」／製作総指揮・大川隆法）のなかにも、その一部が出てきているかと思います。

しかし、今述べた程度しか資料が出ていないので、今日は、もう少し一般《いっぱん》的な質問をしてもらって、リエント・アール・クラウドの輪郭《りんかく》のようなもの、例えば、「基本的にはどのような教えや考えを持っているのか」、「どんなことを真理として考えていたのか」、あるいは、「今、どんなことを人に伝えたいのか」、

「信仰《しんこう》等についてはどのように考えているのか」、そういったことについて訊《き》いてみたいところです。

ただ、霊言ではほとんど出ていないものの、実は、今、「宇宙人リーディング」や宇宙ものの霊現象を行うときには、指導霊《しどうれい》として入ってきてくれていることが多いのです。みな、それはあまりよく分からないでしょうけれども。

古代文明の王の考え方や思想を探《さぐ》る

大川隆法　リエント・アール・クラウドという方は、すでに七千年も前の方なので、現在もそのままのかたちで仕事をしているとは思えないところがあり、かつての人格神として出られたころの記憶《きおく》を再現して出てきているのだろうとは思います。

それでも、今回、収録を行うことにしたのは、「エル・カンターレとは何か」を知るために、やはり、「魂の兄弟」についての情報を、もう少ししっかり出していったほうがよいのではないかと考えたからです。

そこで、人格神として出た過去世《かこぜ》の魂の兄弟の考え方や思想などを見てみた上で、「エル・カンターレとは何であるのか」というところの柱を立てていかないといけないのでは

エル・カンターレとは、「うるわしき光の国・地球」という意味であり、地球の創世より、人類を導いてきた地球の至高神《しこうしん》。仏陀やヘルメスなどの魂《たましい》の分身を幾度となく地上に送り、数多《あまた》の文明を興隆《こうりゅう》させてきた。イエスが父と呼び、ムハンマドがアッラーと呼んだ存在でもある。現在、その本体意識の一部が大川隆法として生まれている。『太陽の法』（幸福の科学出版刊）等参照。

ないかと思っています。もちろん、多面体であることは間違《まちが》いないのですが、過去、いろいろな教えを説いた方がいるならば、まったく無視するわけにもいかないでしょう。

この方も、ときどき指導霊として出てはいるものの、情報的にはまだ足りないところが残っています。「本当はどんなことをしたのか」ということについては、私のほうでもう少し遺《のこ》しておかないかぎり、あとになってからでは出せないのではないかと考えています。

今後、「エル・カンターレの法」を完成させていかなければいけないと思っています。その「エル・カンターレの法」を完成させる前の段階として、「過去世の魂の兄弟と言われるような方々の教えとはどんなものだったのか」ということを、〝地ならし〟的に出しておく必要はあるのではないでしょうか。そういう教えと、現在の幸福の科学で説いている教えとの違い、あるいは似たところなどといったところです。

幾《いく》つか質問に答えているうちに、だんだんに明らかになってくるものはあるかと思いますので、成り行《ゆ》きで進めていくつもりです。

それでは、呼びます。

リエント・アール・クラウド王よ。

リエント・アール・クラウド王よ。

「宇宙への神秘の鍵《かぎ》を持っている」とも言われているリエント・アール・クラウド王よ。

どうぞ、幸福の科学 特別説法堂《せっぽうどう》におきまして、われわれの質問にお答えいただき、いったいどんな考えをお持ちであったのか、どんな宗教思想を説いておられたのか、あるいは、今、考えておられるのか、今も南米、中南米等で仕事をしておられるのかなど、さまざまなことについて、お伺《うかが》いできれば幸いです。

よろしくお願いします（手を三回叩《たた》く）。

（約七秒間の沈黙《ちんもく》）

リエント・アール・クラウド（約 7000 年前）

古代インカ帝国の王。当時、アンデス山中に飛来していた悪質な宇宙人たちから民を護り、「心の教え」によって導いた。地球神エル・カンターレの魂の分身の一人であり、現在、地球系霊団においては、他惑星との交流や宇宙人の移住に関する全権を握っている。

（上右）リエント・アール・クラウド王、（上左）インカ帝国の様子。共に映画「太陽の法」（2000 年公開／製作総指揮・大川隆法）より。

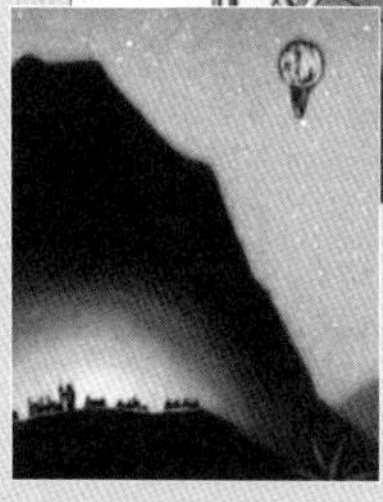

インカ帝国上空に出現したＵＦＯ（右）と祭壇の前で気球を飛ばすシーン（左）。映画「太陽の法」より。

2　七千年前の古代インカ文明とは

アトランティス文明の後継者《こうけいしゃ》だった古代インカ文明
リエント・アール・クラウド　クラウドです。
酒井　おはようございます。
本日は、幸福の科学　特別説法堂《せっぽうどう》にご降臨《こうりん》いただきまして、まことにありがとうございます。

リエント・アール・クラウド　はい。

酒井　本日は、リエント・アール・クラウド様の教えの輪郭《りんかく》から、当時の教えの内容、当時の状況《じょうきょう》、そして、現代に向けてのアドバイスまで、さまざまなことをお伺《うかが》いできれば幸いです。よろしくお願いいたします。

まず初めに、私たちは、古代インカ文明について、どのような文明であったのかといった背景の知識をあまり持っていませんので、クラウド様が教えを説かれた当時の社会情勢といいますか、「古代インカの国は、どんな問題を抱《かか》えていたのか」、「どういう世相だったのか」といったあたりからお教えいただければと思います。

リエント・アール・クラウド　七千年ほど前と言っておりますけれども、ちょうど、地球の文明の中心的なものは、まあ、エジプトの文明がある程度中心的な部分を持っていたのですが、それと同時に、まったくパラレル（並行《へいこう》）な状態で、インカといわれるあたり、今の中南米を中心に同じような文化、文明が開けておりました。

これは、もともと、一万年と少し前に大西洋に存在していたアトランティスという文明、まあ、「一夜にして没《ぼっ》した」と言われている文明ですけれども、ここから逃《のが》れてきた者もいたわけです。

要するに、アトランティス文明の後継者《こうけいしゃ》として、「エジプト文明」と「古代インカ文明」の二つがあったんですね。

密林に埋《う》もれた古代インカ文明の歴史とは

リエント・アール・クラウド　当時の地球文明のなかでけっこう競《きそ》い立つような高みを持っていて、エジプトのほうは、その後、長く続き、現代のヨーロッパの文明・文化の流れにもつながっておりますので、よく知られています。

ただ、インカのほうは、かなり〝隠《かく》された文明〟になっておりまして、みんなが知っているものとしては、千五百年から二千年前ぐらいの、インディオのつくった文明あたりまでではないでしょうか。それより昔については、「〝昔話〟が多少はある」といった程度で、私の教えとして説かれているようなものは、まず皆無《かいむ》であろうと思われます。

実は、（古代インカ文明は）いったん滅《ほろ》びており、中世にも、もう一回、滅びているんですよ。いったん滅びて、その残留《ざんりゅう》部分が再興し、紀元後に盛り上がってはきていたのだけれども、スペインとかポルトガルとか、あちらのほうの人たちがだいぶ侵入《しんにゅう》していくことで、十五世紀前後から滅びていきました。滅びて数百年がたち、今は密林のなかに埋《う》もれてしまっているので、ヨーロッパに滅ぼされた文明が〝古代文明〟だと思っている方が多くて、それよりさらに昔の文明となると、もう分からないということですね。

ただ、近代のヨーロッパに滅ぼされたインカ（アステカ・マヤ）の文明でも、エジプトのようにピラミッドがありまして、それで天文とか数学とかがかなり発達していたことは分かっていますね。

それから、遺《のこ》っているもの、象形《しょうけい》文字とか絵とか、いろいろなものによって、「どうも宇宙との交流があったのではないか」というようなことまで出てきてはおりますが、本当は、もっと昔の時代から、宇宙との交流もあったのです。

もっと言えば、「紀元後のインカ文明そのものが、それ以前よりもさらに優《すぐ》れていたかどうか」というのは、若干《じゃっかん》疑問なところではあります。むしろ、それ以前のときのほうが、もう少し進んでいたかもしれない。

というか、アトランティス文明は、今の人類が考えているよりも、もうちょっと近代的なものだったということなんですよね。

しかし、こうした近代的な文明でも、「大陸の陥没《かんぼつ》」といった事態に襲《おそ》われた場合に

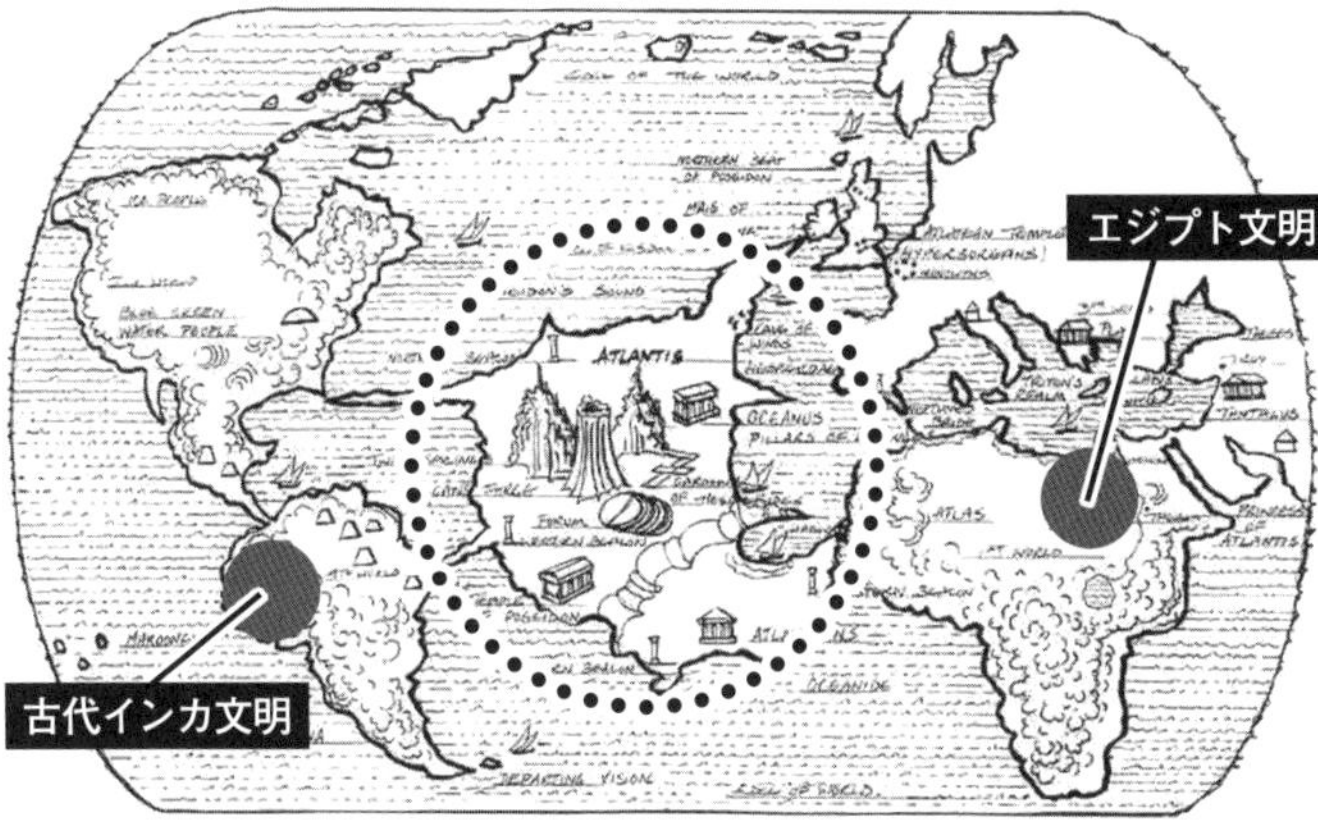

かつて大西洋上に存在していたとされるアトランティス大陸（囲み部分）の想像図。高度な科学文明が栄えたが、約１万400年前に大陸が陥没。一部の子孫が周辺地域に逃れ、文明の種をまいた。『太陽の法』（幸福の科学出版刊）等参照。

は、それを伝えようがなかったわけです。

だから、一部、（大陸の）外に出ている人たちがいたのと、ノアの箱舟《はこぶね》的に、ギリギリのところで飛行船等を通じて逃《に》げた人も一部います。こうして逃げた者も一部いることはいるけれども、大多数の人は、あっという間に、逃げる間もなく滅びたものであるので。まあ、アトランティス文明については、別途《べっと》、もうちょっとお調べになったほうがいいのではないでしょうか。

これは有名な文明なので知られているけれども、私の時代の「古代インカ文明」が知られていることは非常に少なくて、みんなが知っているのは、ジャングルに埋もれた、五百年から千年ぐらい前の文明か、せいぜい辿《たど》って二千年前ぐらいかなと思います。おそらくは、地上絵とか、密林のなかの四角いピラミッドとか、こんなものですかね。あと、「文字があったらしい」とか、「数学があったらしい」とか、「絵のなかに宇宙船らしきものが載《の》っている」とか、そんなようなものがあるかとは思います。

気候変動があったために、だいぶ変わっているんですよ、様子がね。様変《さまが》わりしていて。昔は、もうちょっと肥沃《ひよく》な時代もあったんですけど。やや熱帯化して、植物が繁茂《はんも》して、文明自体が隠れてしまっているので。実際は、密林の堆積物《たいせきぶつ》の下に、古代の文明が眠《ねむ》っているところはあります。まあ、それは今、見えているところですけれどもね。

なぜ高い所に文明を築いていったのか

リエント・アール・クラウド　あと、山のほうの文明としては、ペルーの山奥《やまおく》あたり、チチカカ湖周辺からマチュピチュのあたりにまで文明があって、このへんが「謎《なぞ》の文明」などと言われていますね。

そういう所に、なぜ文明ができたかというと、（アトランティス）大陸の陥没等の非常に大きな衝撃《しょうげき》があったので、人が高い所に都市をつくろうとし始めたということはあったんですよ。

海辺《うみべ》のほうが便利は便利なのですけれども、「高い所に本拠《ほんきょ》を置いておかないと、何かのときには危ない」といったことを勉強したわけです。

ところが、偶然《ぐうぜん》と言うべきかもしれません

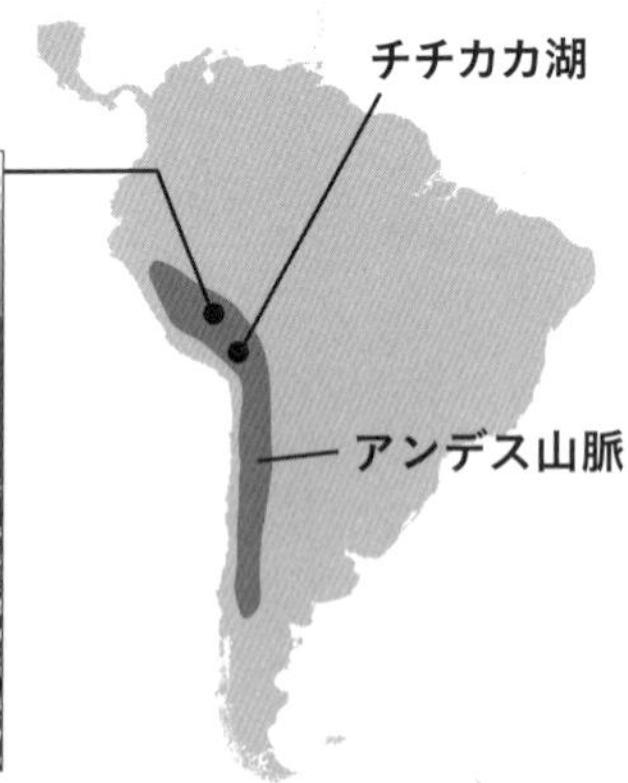

南米のアンデス地方には、15 世紀のインカ帝国跡である「マチュピチュ」（左）をはじめ、多くの遺跡が遺されている。

けど、高い所、要するに、星のよく見える高地に文明を築いていったことによって、〝宇宙から飛来する者〟が多くなって、「それとの交流も始まっていった」というようなこともあります。

ただ、今となっては、ほとんど伝説の域を超《こ》えることはできないのかなと思っております。

また、チチカカ湖から上の文明は、まあ、四千メートル以上の高地でありますけれども、そこから海のほうに出る「塩の道」もあって、海からのもの、海産物とか塩とかを運ぶ道もできてはいたんですけれどもね。

独特の生活様式をつくって、エジプトとは若干違《ちが》う山の文明をつくっていたということは言えるかと思います。

大まかに言うと、そんな感じです。

酒井　ありがとうございます。
そうした、ペルーを中心とした土地が、その文明の中心だったのでしょうか。チチカカ湖とか、マチュピチュとか。
リエント・アール・クラウド　うーん……。やっぱり、チチカカ湖に近いところでしたかね。そのあたりは、現在と様子が違うことは違うんですけど、まあ、チチカカ湖は見える範囲《はんい》内にはあったと思います。現在とは水位が違うので、ちょっと様相は違いますけど、あのあたりが中心ですかね。
酒井　当時、その都市には、どれくらいの人口があったのですか。

リエント・アール・クラウド　さあ……。いろいろ点在していたので、正確には分からないけれども、少なくとも、王都、王様が住んでいる都《みやこ》としてできていた街あたりのなかには、おそらく三十万人ぐらいはいたのではないでしょうか。それ以外にも、生活ができるところには点在はしていたので、交流はしていたと思います。
酒井　ありがとうございます。

3　クラウド王の「人物」と「教え」

王家の先祖は、アトランティスから逃《のが》れてきた「高級貴族 兼《けん》 神官《しんかん》」

酒井　では、次に、リエント・アール・クラウド様の「個人の人生」について、お伺《うかが》いできればと思います。どのような家に生まれて、どのような人生を送られ、「悟《さと》り」というか、「真理」を獲得《かくとく》し、それを押《お》し広めるようなところに至ったのでしょうか。そうした人生について、畏《おそ》れながらお伺いできればと思うのですけれども。

リエント・アール・クラウド　王家に生まれたんだとは思うけれども、先祖は、おそらく、アトランティスから逃《のが》れてきた「高級貴族 兼《けん》 神官《しんかん》」のような者ではないかと思います。

やっぱり、ご神事《しんじ》を司《つかさど》る仕事自体はあったので、そういう人が、「宗教的な仕事」だけではなくて、今の「政治」とか「裁判」のようなものとか、一部の「行政の機能」も持っていました。また、「科学技術的な面」での文明の促進役《そくしんやく》みたいなものもしていて、まあ、現代から見れば、ずいぶん小さなレベルで、狭《せま》い範囲《はんい》かもしれないけれども、いろいろな機能は持っていたのかな。

だから、王様といっても、現在の王制のような感じの、〝お飾《かざ》り〟ではなかったと思われますね。現実に人々を指導する立場にあったし、そうしたかたちで、歴代、王家を継《つ》ぐようになっていたのではないかと思います。

そういうことで、私も承継《しょうけい》しましたが、その系譜《けいふ》について、今は何も遺《のこ》っているものがなくて、証明するものがまったくありませんけれどもね。

アトランティス譲《ゆず》りの「秘伝《ひでん》」を持っていたクラウド王

リエント・アール・クラウド　さらに、「その悟り的なものは何なのか」ということですが、これについては、確かに、「秘伝《ひでん》」のようなもので伝わっているものはありました。アトランティス譲《ゆず》りのものではあったと思うんですけれども、今流行《はや》りの「スター・ウォーズ」的なもので言えば、ある意味での〝フォース〟みたいなものを使っていたことは事実ではありますね。

要するに、ある種の目に見えない力を、いろいろなかたちで使っていました。

そういう意味で、少なくとも、人々が信仰《しんこう》するに当たりまして、まず一つは、

「天上界《てんじょうかい》の高級神霊《しんれい》と交流することができる、話ができるような立場にあった」ということです。こうした能力がないと、なかなか信仰が立たないので、オーソドックスなかたちではありますけれども、「天上界の指導霊《しどうれい》たちとも交流できるような能力を持っていた」ということが一つあります。

また、もう一つには、「多くの人たちの心を読む」といった能力もあったと言えるでしょうね。

さらに、この世的な能力としては、「人々を豊かにするための発明・発見」等をいろいろやっていて、今で言うと、産業を興《おこ》すようなことですかね。そういうものもやりました。

〝二宮尊徳《にのみやそんとく》〟と言えば、ちょっとおかしいかもしれませんけれども、殖産興《しょくさん》業的なことについても、そうとうやったので。古代においては、こういうものが「魔法《まほう》」のように見えたかもしれません。昔の文明の秘伝みたいなものの一部は、巻物《まきもの》のようなかたちで継承されていたものもあることはあるんですけどね。

だけど、もとのアトランティスのレベルまで戻《もど》すのは、かなり難しくて、そうはいかなかったですね。「失われたもの」は、そうとう大きくて、アトランティスの時代は、「〝地球発〟の宇宙との交流基地」をつくるところまで行《い》っていたはずなんですけど、私たちのほうは、なかなかそこまで行かなかったんです。いったん失われた技術のレベルを元に戻すことは、そう簡単ではありませんでしたね。

あとは、「アトランティスからの中南米移動組」と、「昔から現地にいた種族」もいますので、このあたりとの交戦も、ときどきはありました。彼らを啓《けい》蒙《もう》するというか、文明化するために、ある程度、近代化した戦い方のようなものを開発しなければいけなかった面もあったと言えると思います。

あと、特に変わったところといたしましては、鉱山等があって、いろいろな鉱石等の精錬《せいれん》技術などが多少、研究されていたので、これについては、以前の文明よりも進んでいた部分が一部、あるのではないかと思うんです。

さまざまな資源がありましたので、その資源を使って、いろんなものをつくり出すようなことに対しては、一定の文明ができていたのではないかなと思いますね。

「天空から来る宇宙人」について判定する神官《しんかん》のような役割

リエント・アール・クラウド　また、宇宙との関係もよく出てくるのですけれども、私たちにも非常に好意的な宇宙の文明の方もいました。全員ではないけれども、一部の人たちに対しては、天上界から指導しようとする、まあ、天上界というか、天空から指導しようとする〝神〟のような姿を取っていた場合もあります。

それと同時に、幸福の科学の映画でも描《えが》かれたように、●レプタリアン系の宇宙人たちが、ある意味での侵略《しんりゃく》的なもので迫《せま》ってきていたところもあったんです。

だから、人間には、「天空から来る神々は、全部、善なのか。それとも悪もあるのか。このへんの判断基準は、どういうところか」といったことについて迷うところがあったし、「『天空の神々』と、『天上界にいる霊存在としての神々』とは、どういう関係にあるのか」といったことが分かりにくかったので、

●レプタリアン系の宇宙人たち……　宇宙に広く存在する、爬虫類的性質を持つ宇宙人の総称。「力」や「強さ」を重視し、一般に攻撃性、侵略性が強い。外見は、爬虫類型のほか、肉食獣型や水棲人《すいせいじん》型、人間に近い姿の種族もあり、地球に移住し、「進化」を担《にな》う使命を持った「信仰レプタリアン」も存在する。

そういうことを判定したり、判断したりする神官《しんかん》のような役割もやっていたと言えると思いますね。

アニミズムに近いものだった土着《どちゃく》の信仰《しんこう》

酒井　リエント・アール・クラウド様は、祭政一致《さいせいいっち》で、政治家であり、宗教家であり、当時の文明の中心のような方であったと思うのですが、リエント・アール・クラウド様がお生まれになる前には、どういった「伝統的な信仰《しんこう》」があったのでしょうか。また、それに対して、クラウド様は「新しい教え」を説かれたのでしょうか。
リエント・アール・クラウド　やはり、土着《どちゃく》のものは、かなりアニミズムに近いものだったのではないかとは思います。

野生の動物、猛獣《もうじゅう》等がけっこういますので、そういうものは、武器を持たずして戦えば、人間より強いですからね。野生の動物の、人間より強いものがたくさん棲《す》んでいましたので、そういうものを神近きものと思って、そのアニマ（魂《たましい》、霊魂《れいこん》）というか、彼らの霊気《れいき》というか、精霊みたいなものを祀《まつ》るような宗教が多かったですね。

私の近隣《きんりん》では、特にジャガーとか、そんなようなものがそうとう強くて、恐《おそ》れられていました。山のほうだったら、やっぱり、ジャガーというか、うーん……、ライオンの一種なのかもしれないけれども、まあ、ヒョウかな。ヒョウかライオンかというような感じのものも恐れられていましたね。

あるいは、もうちょっと川に近いところや水辺《みずべ》になりますと、巨大《きょだい》な蛇《へび》が棲んでいましたので。蛇でも、五メートルとか十メートルとか、最大になりますと、三、四十メートルもあるものもいたことはいたので、これは〝龍《りゅう》〟と思われてもしかたがないぐらいの大きさですよね。そのくらいの巨大な蛇になってくると、もはや人間の力を超《こ》えているでしょう。

そういうものに襲《おそ》われると、例えば、水べりで洗濯《せんたく》をしている人たちとかが一呑《ひとの》みにされてしまったり、チチカカ湖で漁をしている漁師が襲われたりするようなこともありました。

こうした〝巨大龍〟みたいな蛇なんかも、一種の神のように祀られていたことは事実です。おそらく、恐れてきたものを祀って鎮《しず》めようとする、そういう儀式《ぎしき》でしょうかね。

それから、古代からの民話によくあるように、生贄《いけにえ》、「犠牲《ぎせい》を捧《ささ》げる」というような習慣は、西暦紀元後《せいれき》のインカだけではなくて、それ以前のインカにもありました。やっぱり、そうしたものを慰《なぐさ》めるというか、祀るために生贄を差し出すというようなことはやっていましたね。

ジャガー、それから、ボアの親戚《しんせき》みたいなものかもしれませんが、巨大な蛇、それから、ゴリラのようなものも存在はしていたし、あとは、コヨーテの仲間でもかなり強いものもおりましたし、もちろん、ワニとかもおりました。そうした、人間が素手《すで》で戦ったら勝てないような相手というのが、ある種の「神格《しんかく》」があるものとして見られていて、畏《おそ》れられもしたし、称《たた》えられもしたし、それらのために生贄を供《そな》えたりするような儀式もあった。

まあ、彼らを〝祀って〟というか、ある種の被害《ひがい》を出さないようにするための儀式みたいなものをやるのが、土着の信仰の大きなものではありました。

「魂《たましい》を高めるにはどうすべきか」という教えを説いた

リエント・アール・クラウド　ですが、私たちが持ち来たらした文明は、もうちょっと違《ちが》ったものでして、「人間の優位」というのは、もっと確立した存在であったんです。

私たちの考え方は、「魂《たましい》の存在」のほうを、もっともっと見つめるものだったので、「肉体としての力が、どの程度、強いか」ということは中心ではなくて、やっぱり、「魂のなかに、どの程度、高等なものがあるか」ということが、非常に大事なことでした。

結局、「魂の高等さが、人間から神に進化していく過程なのだ」というようなことですね。

だから、「魂をどうやって高めるか」というようなことを教えるわけです。つまり、アニミズム的信仰というか、自然の脅威《きょうい》や猛威、あるいは、動物たちの猛威を畏《おそ》れる原住民的な信仰から、「自分たちの魂を高めるにはどうすべきか」ということを、さまざまに考えたり、研究したり、あるいは、人々に礼節を教えたり、より高い次元に上がるための方法を教えるような宗教がつくられていたということですね。

そして、その宗教は、この世的な、実用的な技術なんかとも融合《ゆうごう》して、共存していたものだったとい

インカ帝国の宗教儀式の一つ「インティ・ライミ」の再現。太陽神を称えるこの儀式は、インカの起源神話を暗示しているとも言われる。場所は、15世紀に建設されたインカ帝国の古都クスコ（ペルー）のサクサイワマン遺跡。

うことです。

ですから、私たちは神官でもあるけれども、同時に、ピラミッドや、あるいは寺院のようなものを建てる技術も持っていたのです。やっぱり、そういう神が存在しないと、そうした高級な建物を建てるというのは、なかなか思い浮《う》かばないものであるのでね。

そういう意味で、「アトランティスの末裔《まつえい》」としての、別のかたちの進化であったかなと思います。

宇宙とも交流しつつ出来上がっていった特異な文明

リエント・アール・クラウド　私のときに、特に気を配ったのは、自然の猛威によってあまり破壊《はかい》されない、要するに、人命が失われないようにするための、例えば、道路、灌漑《かんがい》用水工事、水路、それから、石造りが中心ではあるけれども、周りを囲む壁《かべ》や、あるいは堅固《けんご》な建物のつくり方です。

あとは、食べ物の進化ですね。食べ物を少し進化させなければいけなかったので、ちょっと「新しい種類の食べ物」を広めたというか。

山のほうが多くて、イモ類が主食ではあったので、そうした主食のイモ類の栽培《さいばい》を効率化する方法や、あるいは、それ以外の食べ物をつくる方法をいろいろと考えていて。保存食なんかのつくり方等も研究されていました。

あとは、地場のものとしては、ある種の催眠《さいみん》効果というか、麻薬《まやく》効果のあるコカの葉等がけっこうありましたので、祭祀《さいし》の一部にそういうものを使う人々もいました。それは、原住民も使っていたし、私たちも、一部、取り入れたところはありましてね。

意外に、容易なかたちでの霊界《れいかい》への体外離脱《りだつ》体験みたいなものができるというようなことがあって、「霊界に行って、神々の教えを聴《き》く」みたいなことをやっている者もいたことはいたんです。

ただ、私に関しましては、そういうコカの葉等を使うことなくして体脱《たいだつ》はできるような体質を持っていたので、若干《じゃっかん》、違うところはありましたけれどもね。

あとは、そうですね、うーん……。まあ、高山が多かったから、そこでの生活を、いろんなかたちで便利化しなければいけなかったし。あとは、「宇宙人から提供された技術」も一部あって、それを、鉱物の採掘《さいくつ》や精錬《せいれん》等に使わせてもらっていました。

まあ、彼らにも欲《ほ》しいものがあったのは事実なんですけどね。地球産の鉱物に、彼らが手に入れたがっていたものも一部あったので、そのへんは交渉《こうしょう》もあったんですけどね。
ちょっと、そういう「特異な文明」が出来上がっていたと言うべきでしょうか。

三分裂《ぶんれつ》して引き継《つ》がれていったアトランティス文明

酒井　そのときのリエント・アール・クラウド様が信仰されていた神様は、どういうお方だったのでしょうか。
リエント・アール・クラウド　うーん、当時は、やっぱり、直前世《ちょくぜんせ》であるアトランティス時代のトス神みたいなのが、まだ大きな影響《えいきょう》を持っていたので、トス神を中心にした信仰だったかなとは思うんですけどね。

●トス神　約１万２千年前、アトランティス文明の最盛期を築いた大導師。宗教家、政治家、哲学者、科学者、芸術家を一人で兼《か》ね備えた超天才であり、「全智全能の主《しゅ》」と呼ばれた。地球神エル・カンターレの魂の分身の一人。『太陽の法』『アトランティス文明の真相』（共に幸福の科学出版刊）等参照。

少し前には、北欧《ほくおう》のほうに「オーディン」という神も出ていたようではあるんですけれども、ちょっと、地上的にはつながりがなかったので、そちらのほうの認識は十分ではなかったのかなというふうには思っています。氷の世界のほうの信仰は、ちょっと別だったのです。あちらは、おそらく、ケルトの文明のもとになっているものだろうと思います。

あちらも「失われた文明」だろうと思うけれども、ある意味では、オーディンの北欧文明も、「アトランティスの末流」という意味では末流でしょうね。

結局、アトランティスは三つに割れたのかもしれません。

オフェアリスが継《つ》いでいく「エジプト文明」と、南米のほうでのクラウド王のつくった「古代インカ文明」と、あと、今の北欧のどのへんが中心かね。まあ、グリーンランドやアイルランドから、フィンランド、スウェーデン、この

●オーディン　北欧神話において天地創造を行った主神。「知識と詩」、「戦い」、「呪術」などの神性を持った全智全能の神とされる。地球神エル・カンターレの魂の分身であるヘルメスや仏陀とつながっている存在でもある。『マイティ・ソーとオーディンの北欧神話を霊査する』（幸福の科学出版刊）参照。

あたりまでちょっと続いていたような気がするんですが、このあたりのところに、「オーディン神が文明の高みをつくっていた」のではないかと思う。

このように、結局、それぞれ三つに割れて、オーディン神のほうの信仰は、南下するとギリシャのほうに入ったのですが、あとは、東に行くと、やっぱり、ロシアの文明のほうに入っていっているのではないかと思います。

こういうふうに、〝三分裂《ぶんれつ》〟しているということですね。

だから、私たちの時代だけ、意外に近接したところで魂の兄弟が出ていて、私が（地上に生まれたのは）七千年ほど前ですけれども、エジプトでは、オシリス神ともいわれているオフェアリス神が、六千五百年ぐらい前ではないかと言われています。

オーディン神は、ちょっと年次が不詳《ふしょう》なんですけれども。「五千年も生きた」

●**オフェアリス**　6千5百年前のギリシャに生まれ、後《のち》にエジプトへ遠征し、王になった。エジプトの神話では「オシリス」と呼ばれている。「奇跡」と「神秘」の神であるとともに、「繁栄」と「芸術」の神として、ギリシャ・エジプト文明の源流となった。地球神エル・カンターレの魂の分身の一人。

とか言われているから、もう、訳が分からなくなるんですけれども、おそらく、九千年から八千年ぐらい前に相当するのではないかなとは思うので、〝少し古い〟のではないでしょうか。

そういう意味で、比較《ひかく》的年数が近いあたりで、分かれて出てきているものかなとは思っております。

4 クラウド王の時代の「信仰《しんこう》」と「修行《しゅぎょう》」

修行①――「瞑想《めいそう》」や「祈《いの》り」を通して心を透明《とうめい》化する

武田　本日はありがとうございます。
リエント・アール・クラウド　はい。
武田　ただいまのお話にも出ていることではありますが、「信仰《しんこう》と修行《しゅぎょう》」について、もう少し具体的にお伺《うかが》いします。

トス神が信仰の対象であり、魂《たましい》を高めていくことが修行の大事な目標であったと伺ったのですけれども、「当時の信仰の内容」や、「具体的な修行の方法」について、お教えいただければと思います。

リエント・アール・クラウド　今の人たちに比べれば、心の穢《けが》れはかなり少なかったと思うんですよ。現代文明のように、これほど唯物論《ゆいぶつろん》に染まっているということはなかったと思う。心の透明《とうめい》度はもうちょっと高かったので、これほど苦労することはなかったかなと思うんです。心の透明度に関しましてはね。

だから、精神統一の仕方を教えて……、まあ、要するに、一種の「瞑想《めいそう》」とか「祈《いの》り」ですね。「瞑想」とか「祈り」等を、神官《しんかん》が神殿《しんでん》で指導することになるわけですけど、「瞑想」とか「祈り」をやっているうちに、やっぱり、ある種のトランス状態のようなものを経験して、それぞれが神と感じるようなものというか、まあ、神ではなくて、本当は、それぞれの守護《しゅご》・指導霊《しどうれい》でしょうけれどもね。これらあたりから、日ごろの自分の生き方についての反省の指針をもらうとか、ちょっと悔《く》い改めることをさせました。

現代ほど乱れてはいないけれども、人間関係等の悩《なや》みはあるし、あるいは、たまには戦《いくさ》等もありますし、あとは、自然の猛威《もうい》によって、人為的《じんいてき》な営《いとな》みが壊《こわ》されることもけっこうありましたので、そういうことによる事故とか災難ですね。今の世にもあるような自然災害等もけっこうあって、そういうことによる家庭内の不幸や、いろんなものもありましたので、そういうことも含《ふく》め、心を見つめて透明化する努力をさせました。

そして、亡《な》くなって不成仏《ふじょうぶつ》の方とかですね。生き方において間違《まちが》いがあって、欲深かった者とかのなかには、やっぱり、成仏できていない者もいることはいました。また、先ほど言いました、動物霊信仰もけっこうあって、動物霊信仰的なものとして邪神《じゃしん》化しているものもあったので、こういうものに憑依《ひょうい》されるケースがけっこうありました。そのため、こういうものを取るということが、非常に大事な仕事としてあったわけですね。そのように、憑《つ》きものみたいなものを削《そ》ぎ落とす仕事が、神殿のなかではあった。

修行②――もう一段高い霊界《れいかい》の次元に参入する

リエント・アール・クラウド　最初は、そういった「マイナスを削ぎ落として透明な心を持つ」ということが修行の原点にはなるわけですけれども、次には、「もう一段高い霊界《れいかい》の次元に参入する」という訓練になります。だから、「もう一段高い心とは何なのか」ということを、みんなは、研究、研鑽《けんさん》しなければいけなくなってくるわけですね。

この「高い見地《けんち》とは何なのか」ということですが、現代に伝わっているものと一緒《いっしょ》かどうかは分からないけれども、「共生《ともい》き」といいますか、「共生《きょうせい》していく者としての愛」といいますか、「共同体への愛」のようなものを学ぶことです。そして、「村や町、都市等の発展に寄与《きよ》していくなかに、自分自身の拡大もあるのだ」ということで、「自分の存在を、他の人々を導く存在へと押《お》し上げる努力が大事なのだ」というようなことですね。こういう共生きの世界をつくることの大切さを学ばせ、悟《さと》らせるということが非常に大事です。

それから、目に見えぬ方が多かろうとは思うが、やっぱり、「天上界《てんじょうかい》にまします神への信仰というものを失ってはならない」ということですね。それを、常に心に持って生きなければいけません。

そして、仏教にも似ていますけれども、やっぱり、この世の生存というのは、わずか数十年の仮の世の生存なので、「この世には、魂の修行として生まれてきてはいるけれども、いずれあの世に還《かえ》らなければいけないのだ」ということを悟った上で、神への信仰を持ち、それに近づいていこうというかたちでの努力ができるか、生き方ができるかということです。

だから、「常々、神様に見られていると思って、毎日毎日を組み立てていられるかどうか」、「そういうことを、毎日毎日、振《ふ》り返りなさい」というようなことですかね。

こうしたことをやっているうちに、心の状態が次元上昇《じょうしょう》を起こすようになるということです。

だから、一部には、生きながらにして、「魂の高次元とは何か」ということを悟るような人も出てくるようになって、そういう方々が、また、〝高貴な導き手〟としてお手伝いをするようにもなっていたということです。

部族や信仰《しんこう》の違《ちが》いで起こる戦い

武田　リエント・アール・クラウド様は、宗教家でありながら政治家でもあられたと伺っていますので、「当時の政治の理想」というものについてもお訊《き》きしたいと思います。
先ほど、「先住民との戦いもあった」というお話もございましたが、当時は、どのように国を考え、治めておられたのでしょうか。お教えいただきたいと思います。

リエント・アール・クラウド　うーん、まあ、「戦いの部分」は、人類史を貫《つらぬ》いて、いつもあるので、しかたがないところはあるんです。

人の数が増えれば、どうしても徒党を組みますので。そうすれば、それぞれの群れの利益を考えますからね。だから、「自然との戦い」もあるけれども、人間同士での「部族の違《ちが》いとか信仰《しんこう》の違い等による戦い」が起きることは、やっぱり、あったことはあったかなとは思います。

それから、私らのほうは山の民《たみ》が中心的ではあったわけだけど、山の民というのは、ある意味で、生活環境《かんきょう》としては地の利が少し悪いところはあって。もう少し低地に住んでいる者のほうが、食糧《しょくりょう》的には豊かであることは多かったのです。

だから、全部とは言いませんが、一部には、山の民に仕えていたような感じの低地民族もいて、そういうところから、毎年毎年、一種の税金のようなかたちで、山岳部《さんがくぶ》のほうでは手に入らないようないろんなものを貢《みつ》がせていた面もあります。

例えば、魚介《ぎょかい》類や海藻《かいそう》類、その他、低地でできる野菜、果物類とか、タンパク源ですね。こういったものを、一部、税金の代わりに貢がせたところもあったと思います。

その意味で、低地の人たちよりも「未来型のちょっと進んだ文明」を持っていなければいけなかった面はあったと思いますね。

ただ、ときどき、そうした統治がうまくいかない場合もあって、争いが起きていたこともあったし、そうした統治構造に属していない種族もいたことはいたので、こういう者から、われらの古代インカにつながる低地の種族たちが襲《おそ》われるようなこともあったりして。そういうときには、ある程度、応戦しなければいけないようなことはありました。

だから、今あるような刀とか槍《やり》とか、ある種の弓のようなものは、当時すでに存在はしておりましたし、火薬に近いものもあることはありました。何か、発火させるようなものも持ってはいたと思いますね。

そういう国で、戦争が起きるようなこともあったし、そういうことであれば、人の編成、訓練、それから兵站《へいたん》の補給、その他いろいろありましたので、そうした意味での統治のシステムをつくらなきゃいけない面はあったのかなというふうには思います。

5　「エル・カンターレ」とはどのような存在か

クラウド王は「宇宙の法門《ほうもん》」にかかわっている

大川直樹　本日はまことにありがとうございます。
リエント・アール・クラウド　はい。
大川直樹　少し話が変わってしまうかもしれませんけれども、リエント・アール・クラウド様は、エル・カンターレ様の分霊《ぶんれい》のお一人であると教えていただいています。

リエント・アール・クラウド　はい。

大川直樹　そして、エル・カンターレ様は、「地球神」であり、「さまざまな星々の創世にも携《たずさ》わったご存在である」といったこともお教えいただいています。

リエント・アール・クラウド　うーん……。

大川直樹　そういったなかで、エル・カンターレの分霊のお一人であられるリエント・アール・クラウド様から、「エル・カンターレ信仰《しんこう》」というものを信仰する大切さについて、もう一段深くお教えいただければと思っています。

リエント・アール・クラウド　目に見えない信仰の場合は、説いてもなかなか分からないことが多いので、私たちも、ときどき時代を置きながら、人格神としての性質を身につけるために地上に受肉《じゅにく》することはあって、天上界《てんじょうかい》に還《かえ》ってしばらくは、そのときの名前で指導するというかたちもあるんですけれども。

まあ、エル・カンターレという存在自体は、けっこう大きなもので、そう簡単にはつかめないところはあるでしょう。

だから、幸福の科学の初期においては、仏陀やヘルメスが、その両輪として姿を見せていたとは思います。もちろん、私のほうは、今、アンデスの民《たみ》を指

●ヘルメス　ギリシャ神話におけるオリンポス十二神の一柱とされているが、霊的真実としては、約4300年前、「愛」と「発展」の教えを説いた宗教家にして、全ギリシャを統一した王。貨幣経済や国家間貿易の仕組みを発明して、西洋文明の源流となった実在の英雄。エル・カンターレの分身の一人。

導する仕事が、そんなに重要なはずはありませんので、そういうことをしているわけではないのですけれども。

（私は）「宇宙の法門《ほうもん》」のほうにかかわっている者の一人ではあるので、古代の原始的な存在と思われているかもしれませんけれども、これからあと、まだ十分に説かれていない「宇宙の法」の部分について、ガイド役をしようかなとは思っております。

「エル・カンターレ」といっても、やっぱり、機能があります。五本の指や十本の指があって、〝それぞれの指の機能〟があるように、得意・不得意を持ちながら、人格神的なものも持っていますので。

地上の人間においては、これらから推定して、「そのなかにあるものは何であるか」ということを見るしか、（その機能を）つかむことは極《きわ》めて難しいのではないかと思います。

預言者もエル・カンターレのすべてを表すことはできなかった

リエント・アール・クラウド　預言者とかは、（霊示《れいじ》を）伝えても、その受け取り手の個性と能力の範囲《はんい》内でしか受け取れないことが多いんです。

やっぱり、イエスを通して伝えたエル・カンターレの教えは、かなり、〝イエス的個性〟を帯びてはいるので、イエスも自分の個性に合わせたエル・カンターレしかつかんでいないし、見えていないんです。だから、「（天なる）父の教え」といっても、かなり、イエスの属性に近いものが出てはいますわね。

それから、「仏陀」というかたちで出たとしても、エル・カンターレの全体から見ると、まだ狭《せま》さを感じざるをえないです。やっぱり、古代インドの修行《しゅぎょう》形式や宗教形式の縛《しば》りは、そうとう感じますね。

もう、インド数千年の歴史があったはずですし、古代の「四大ヴェーダ」(「リグ・ヴェーダ」「サーマ・ヴェーダ」「ヤジュル・ヴェーダ」「アタルヴァ・ヴェーダ」)の教えから始まって、バラモンの教えが何千年も続いたあと、さまざまな自由修行者が出ていたなかでの釈迦牟尼仏《しゃかむにぶつ》の登場でした。

ですから、釈尊《しゃくそん》自身も、「登場時は数多くの修行者の一人として登場し、そのなかで、だんだん名前が上がってきて尊敬されるようになり、死後、何百年かたってから、もっともっと大きな存在としての久遠《くおん》の仏になっている」という感じがありますよね。

要するに、釈尊以前に、「降誕《こうたん》した神々」みたいな者がいたわけで、インドも宗教国であったから、それが重くてね。それを全部取り去ることは、なかなか難しかった。

あとは、例えば、ムハンマドのイスラム教などでも、やっぱり、「砂漠《さばく》の地」という制約や風習もあるし、ムハンマド自身の人間としての好き嫌《きら》いや好み、考え方等の制約もあるし、人生経験として、敵対してきたものに対する反撃《はんげき》や、そういうものを繰《く》り返していたなかに育《はぐく》まれてきたものもある。

だから、「アッラー」と称《しょう》されても、「これがエル・カンターレのすべてを表している」とは、とうてい思えないものがあって、当時のムハンマドを中心とする集団にとって都合《つごう》のいい教えになっていることは、否《いな》めないところがあるんです。

やはり、それぞれ、〝葦《よし》の髄《ずい》から天を覗《のぞ》く〟みたいなところがあるのではないかなと思いますね。だから、「つなぎ合わせただけで、全部のエル・カンターレが見えている」とは必ずしも思えないところが、私にもございます。
「至高神」の存在を信じ、認識し、その教えを信奉《しんぽう》すること
リエント・アール・クラウド　人間というのは、しょせん心の狭い、考えの狭いものなので、身近な者でも遠くにいる者でも、対立し合い、意見が違《ちが》って、群れを分かち、喧嘩《けんか》したりするほうが早いですね。仲良くなるよりは、喧嘩するほうが早い。
だから、「『愛』を説いたイエス、『汝《なんじ》の隣人《りんじん》を愛せよ』と言ったイエスが、ユダヤ民族のなかに生まれ、ユダヤ民族のなかから疎外《そがい》されて、処刑《しょけい》されている」というようなことを見れば、いかに、「教え」というものが通りにくいものかということが、よく分かりますね。そういう「結びつけ合う愛」を説いて

いても、排斥《はいせき》されることが多い。

今度は、キリスト教の時代になって、キリスト教のなかで預言者として出ても、異端邪説《いたんじゃせつ》として火あぶりになったり、殺されたりする者がたくさん出てくるという、この人間の心の狭さについては、もう、いかんともしがたいものがあります。

この心の狭さを乗り越《こ》えるために、さまざまな「かたちの違う教え」を説いたりして、寛容《かんよう》さに導こうとはするんだけれども、それが分かる人は少なくて、数が多くなってくると、「それらはみんな間違いで、どれか一つが正しい」みたいな考えに持っていく人が、すごく多いのです。

あるいは、キリスト教のなかでも、仏教のなかでも、イスラム教のなかでも、「この教えの宗派《しゅうは》、一派が正しくて、ほかは間違いだ」みたいな考え方を持つのが人間なんですよね。その狭さは、もう、いかんともしがたくて、「永遠の修行がつきまとっている」としか言いようがない。

たぶん、エル・カンターレの大きさを説けば説くほど、分かりにくくなってくるところがあるんです。その全体を、この地上の人間に理解させるのは、極めて困難ですから。

まあ、「至高神として、そういう方がいらっしゃるんだ」ということを認識し、信じると同時に、やっぱり、そのなかから、現代にあって、「教え」として出されてきた部分、現代に合った、その教えを受けている人たちが理解できる範囲内の教えを、ある程度、信奉《しんぽう》するしかないかなとは思っています。

6　AIが〝神〟とされる時代が来る

人工知能が出てきて〝機械信仰《しんこう》〟が強くなってくる?

酒井　当時、宇宙人が非常に大量に飛来しているなか、リエント・アール・クラウド様は、「人々は、宇宙人を『神だ』と崇《あが》めているけれども、あなたがたの神は外にはない。神は、あなたがたの心のなかにある。心の内にある。内なる神を発見しなさい」と説かれました。
この教えは現代でも言えると思うのですが、今、お話しされた「主エル・カンターレ」という存在を、心のなか、心の内にチラッとでも感じ取るためのアドバイスが何かありましたら、お教えください。

リエント・アール・クラウド　うーん。まあ、難しいですが、私の説いたことが、そのように述べられているということは、今の時代から先の時代にかけて、唯物論《ゆいぶつろん》的な科学的信仰《しんこう》が立ち上がってくるというか、それが時代の流れになってくるのでしょう。

今、注目されている人も、ほとんど、科学的な分野で活躍《かつやく》しているような方だし、コンピュータの延長上にある仕事が注目されていっていますよね。まあ、この流れは、もう、人工知能でしょう。だから、ＡＩ（人工知能）というものが出てきています。

これは、ある意味で、神と競争しているようなものですよね。もし、人間よりも正しい判断ができるものができて、人間よりも先が読め、人間よりも間違《まちが》いの少ない、害を及《およ》ぼさない決定ができるものが完成してきたら、それは、コンピュータ系のほうが、〝この世における神〟になる可能性は高いでしょう。

その時代は、もうすでに来ているかもしれませんね。

碁《ご》とか将棋《しょうぎ》とかでも、名人に勝つようなものが出てきているわけですから、ほかの世界でもありえるでしょうね。

政治だって、もう人間がやる必要はなくなるかもしれない。このＡＩに判断させれば、「どうするべきか」というのは分かってしまうかもしれないし、経済の分野などは、意外に早くそうなってしまうかもしれませんね。

〝彼ら〟はそうした予想もできるし、今、天気予報では、明日《あした》の天気や気温まで予想できるようになっていますから。同じようなかたちで、人間世界においても、「こういう政策を取ったり、こういう法律を通したり取ったりしたら、こういうふうになる」とか、外交においても、「こういう方針を取ったら、こうなる」とか、ＡＩがみんな判断するような時代が近づいているのではないかと思いますね。

その意味では、これから、まだ、あなたがたが死なないうちに、人間性が機械性に取って代わられて、〝機械信仰〟みたいなものがすごく強くなる時代になってくる可能性は、極《きわ》めて高いと思いますね。

コンピュータ文明のなかでの「正邪《せいじゃ》・善悪」の判断

リエント・アール・クラウド　まあ、私が言っていたのは……。（当時）宇宙人も来ていましたけれども、確かに、（彼らは）科学的には進化しているんですよね。もう、千年も二千年も進化している者たちが来ているのだけど、科学的な進化が、同時に道徳的な進化を伴《ともな》っていない場合があるんですよ。そちら（科学的な面）だけの進化があって、技術的な部分が進化していく。

だから、理系の人たちが、「原爆《げんばく》のつくり方や水爆のつくり方を発明できても、その使い方や、使っていいか悪いかの判断ができない」みたいなことがありますよね。

そのように、技術的には、非常に優《すぐ》れたものはどんどんと進んでいって、つくれていくようになるんだけれども、正邪《せいじゃ》の判断とか、高下《こうげ》の問題、上か下かの問題等の判断ができない時代が近づいてきているし、もう、すでに入っているかもしれません。

だから、あなたの判断よりも、グーグル社かどこかに判断を任せたほうが早いかもしれないし、そちらのほうに問い合わせをしたほうが、答えが返ってくる可能性は高いので。

もう今、あっという間に、今までの文明が滅《ほろ》びようとしている可能性は高いんです。その新しいコンピュータ文明のなかに、過去の文明、二十世紀までの文明は、吸い込《こ》まれて消えようとしている。

その先にあるものは何かと言うけれども、「宇宙文明」が、進化形としてはあるんですよね。

だけど、その宇宙文明のなかに、やはり、私たちが経験したのと同じものが、たぶん出てくる。「テクノロジーの優位でもって人間をリードできれば神である」と称《しょう》する人たちと、「それだけではない」と考える人たちとの二種類が出てくる。だから、そのへんを選び分ける教えが必要になるでしょうね。

これは、判断が難しいです。「自分よりも知能の高いものの善悪を判断する」というのは、難しいことですよね。

例えば、地上においては、ヒットラーのような人がやったことが、結果的には災厄《さいやく》をもたらしたので、悪人・悪魔《あくま》のように言われることはあります。けれども、少なくとも、彼が権力を握《にぎ》っていたときに、彼のやることは、大多数の人間から見れば、「スーパーマンのような頭脳を持って、力もある人が、グングンと物事を進めている」ように見えたでしょうね。

だから、〝機械万能《ばんのう》の信仰〟を持つようになれば、それに全部従うようになって、だんだん、あなたがたの生活管理もされるようになるでしょうね。

あるいは、人事部などというものがあるけれども、みなさんの才能や素質を全部インプットすれば、「この人は、このようにしたほうがいい」みたいなことが、みんな決まってくるような時代が来るかもしれません。

やっぱり、この流れのなかで、違う価値観を遺《のこ》すことは極めて難しく、しばらくは、そのなかで流されるかもしれませんね。

でも、基本的に、この世は有限で、長くは生きられない。百歳《さい》まで生きることはできるかもしれないけれども、二百歳までは生きられない。この世は、必ず去らねばならない。

だから、「この世的に有能であった者たちが、この世を去ったあとどうなるかについては、個々別々である」というところですね。このへんについて説く教えがなければ、たぶん駄目《だめ》ですね。

7　宇宙と交流する時代に必要な「正しさの基準」とは

国々の争いに介入《かいにゅう》して契約《けいやく》を結ぶ宇宙人が出てくる

大川直樹　現代においては、技術が発展すればするほど、唯物《ゆいぶつ》的な価値観等が広がっていっており、われわれ宗教者としては、「心の教え」を弘《ひろ》めていきたいと思っているのですけれども、そうした理想を実現するためには、どのような道筋《みちすじ》を進んでいけばよいのでしょうか。
二〇一〇年の霊言《れいげん》、「『宇宙の法』入門」●のなかで、リエント・アール・クラウド王は、「地球は、宇宙全体を見るための窓である。宇宙のなかにおいて、

●「『宇宙の法』入門」　『「宇宙の法」入門―宇宙人とUFOの真実―』（幸福の科学出版刊）所収。

地球というのは重要な位置を占《し》める立場にある」というように教えてくださっています。

そうした地球文明の、これからの行く末、道筋、「このように発展していけばいい」といった指針が、もしございましたら、お話しいただければと思います。

リエント・アール・クラウド　いやあ、これからは「難しい時代」に入りますよ。

機械文明の進化が一定レベルまで行かないと、なかなか宇宙との交流はできないのですが、宇宙との交流が入ってくると、これまた、多元的な価値観がたくさん入ってくるので、「何が正しいか」ということの判定が今まで以上に難

『「宇宙の法」入門──宇宙人とUFOの真実──』（幸福の科学出版刊）

しくなります。「地球基準のなかで『正しい』と思われていたことが、宇宙基準のなかで正しいかどうか」という判定は難しいのです。なぜなら、宇宙から来るものでも、それぞれの星において、「メシア」といわれた者が説いた教えがあって、少しずつ違《ちが》っているからです。

これから、二十一世紀から二十五世紀ぐらいまでは、ある意味で、非常に厳しい「混沌《こんとん》の時代」が来るのではないかなと思いますね。あるいは、本当に、正反対のところまで行ったり戻《もど》ったりすることになるかもしれませんね。

例えば、「国と国とが交戦状態になる」というようなことであれば、どんな神であれ、自分たちを勝たせてくれる神のほうを信じたいですよね。

そういう意味では、かつての明治維新《いしん》のときに、ヨーロッパの外国が、幕府とか長州藩《ちょうしゅうはん》とか薩摩《さつま》藩とかを、実は植民地化も狙《ねら》った上で助けようとしたように、やっぱり、宇宙文明からも、「この世的な国々の争いのなかに介入《かいにゅう》して、地球人と契約《けいやく》を結ぼう」とするような者は出てくると思う。

このときに、「すでに、それを解決できるような教えがあるか」というと、これもなかなか難しいので、たぶん、現代では説き切れずに、そのときそのときに、また次の教えを降ろさなければ難しくなるかもしれないなと思いますね。

例えば、どうでしょうか。「古代の鬼《おに》」みたいに聞こえるかもしれないけれども、「毎年、おまえたちのうちから一万人ずつ、〝人身御供《ひとみごくう》〟風に人質《ひとじち》、食糧《しょくりょう》として差し出せば、おまえたちの国を、他のどこそこの国の攻撃《こうげき》から護《まも》ってやる」というような感じでこられたときに、「これが善なのか、悪なのか」という判定は難しいと思います。まあ、そういうことですね。

「より強い者」というのは、そういうことを押《お》しつける権利を持っていますからね。また、他国にも、ほかの星から何かの侵略《しんりゃく》の触手《しょくしゅ》が伸《の》びるかもしれない。このときの判断は、極《きわ》めて難しいだろうなと思います。

今後数十年で「地球で起きること」、「心を正す教え」の大切さ

リエント・アール・クラウド　私などは、そういうときに、もう一段、他の魂《たましい》の部分とも連結しながら、何らかの仕事をしようと思ってはおりますけれども、やはり、そのときが来ないと、教えとしては説けないものはあると考えています。

いや、これから数十年は、けっこう〝怖《こわ》い〟と思いますね。幸福の科学で言うと、次の二代目の代に入る時代は極めて難しくて、そうとうな価値観の混濁《こんだく》のなかで（正しいものを）選び取っていかないと、押し流されて間違ったほう

に行ったり、消えてしまったりする可能性は極めて高いと思いますね。

説かれている教えは数多くあるけれども、「これは、まだ生きている教えなのか。もう、すでに生きていない教えなのか」の判断は、極めて難しいと思うのです。どうしても、この世的に役に立つものが有用に見えてくるので、その誘惑《ゆうわく》に勝つのはそう簡単なことではない。

結局ね、仏教もキリスト教もそうだけど、教えていることは、「人は、肉体的生存・生活に考え方の中心を置きやすくなるのだけれども、そこから離《はな》れて、自分の心のなかが大事なんだよ」ということですね。

「イエスがユダヤの王だ」といっても、「地上のユダヤの王ではなくて、心の世界、精神世界の王者だ」ということを、彼ら（キリスト教徒）は言っていました。あるいは、仏陀《ぶっだ》も、やはり、自分の「心の王国」を完全に支配することを教えていたのです。

だから、唯物的なものほど、もっともっと進化してくるので、これに屈《くっ》せずに「心の教え」を説けるか。

それから、「機械文明が進化し、さらに宇宙文明が交錯《こうさく》していくなかで、霊《れい》界《かい》が今のままで存在できるのかどうか」も、一つ、疑問として残るものではありますね。

「どのようになるのか」というところは実験で、「いったい、これから、地球という実験場を使って、本当は何が計画されているのか」というところについては、地球の立場に立って考えている者もおれば、地球の立場に立たないで、宇宙の他の所から来た者の立場で考えている者もいるだろうと思います。

ただ、姿を少しずつ見せつつではあるけれども、いまだ本格的な介入にまでは入っていないので、もうしばらく、かかるとは思います。でも、おそらくは、数十年以内には、姿がはっきりと見えてくる者はたくさんいるのではないかと思います。

8 「時間の循環《じゅんかん》」と「パラレルワールド」の秘密

宇宙の全体の仕組みを知っている存在とは

酒井　二〇一八年の十月には、映画「宇宙の法―黎明《れいめい》編―」（製作総指揮・大川隆法）が公開になりますが、このシリーズでは「宇宙の歴史」を学んでいくかたちになります。
やはり、現代においても、過去の歴史から学び、判断することは非常に有意義なことだと思うのですが、そうした「宇宙の法」を、われわれが学んでいく必要性について、あるいは、今後、さらに法門《ほうもん》が開かれる「宇宙の法」の重要性について、もう少し教えていただきたいと思います。

リエント・アール・クラウド　宇宙においては時間は循環《じゅんかん》しているので、「未来の地球人」がね、「過去の宇宙人」なんですよ。だから、あなたがたの未来がね、実は、過去から来た宇宙人なんですよ。

これから宇宙時代が来て、テクノロジーに則《のっと》って、いろいろなところに宇宙航行するようになりますけど、それから先が、実は、また〝地球の過去〟に戻《もど》ってくるものになるんですよ。

宇宙のなかで時間は循環していて、矢のように一直線に走っているものではないんですね。実は、「過去・現在・未来」は循環しているんです。だから、実際、宇宙のなかでは、一直線の時間は存在していないんですよ。「未来のあなたがた」が、実は、「過去のあなたがた」でもあるんです。そのように、宇宙のなかでは、時間が循環して繰《く》り返し出てきています。

そして、その途中《とちゅう》で分岐点《ぶんきてん》があって、何種類かの宇宙空間と宇宙時間が並行《へいこう》して走っている。それで、「並行宇宙（パラレルワールド）」が出来上がってくる。そのように、「このとき、こういう選択《せんたく》をしたならば、どういう人類が発生してきたか。どのように進んできたか」というような分岐点が、幾《いく》つかありますね。そういうことをやります。

だから、この地球においても、今、あなたがたが生きている時空間とは、また別の時空間が実際には共存しています。その別の時空間は、「過去の時点において、異なった判断をした場合に存在し続けている地球」です。

例えば、「ある判断をしたために、アトランティスは滅亡《めつぼう》していなかった。

その地球は、どうなっているか」という、実は、そういった時空間のなかに生きている人はいるんです。

もっとも、その時空間に、あなたがたは入ることができないのですが、今の、あなたがたが生きている地球と別のパラレルワールドに、もう一つ存在するんです。やっぱり、「アトランティスもムーも沈没《ちんぼつ》していない時空間」というのが存在するんです。あるいは、それ以外のものもあります。

このへんの仕組み全体が見えてくるには、どのくらいかかろうかね……。分からないけれども、うーん……。

すべてを知っているのは、エル・カンターレだけです。あとの人は知らないです。イエスに訊《き》こうとモーセに訊こうと、ムハンマドに訊こうと、誰《だれ》も知らないです。

「宇宙の時空間の多重構造」と、「パラレルワールドとして地球の歴史があって、未来のあなたがたが、実は過去のあなたがたとして、宇宙人として地球にやって来ている。そして、文明実験として、何周もしながら、違《ちが》った選択をした違う文明を何度も経験していく。そういう宇宙空間のなかを生きている」ということを知っているのは、エル・カンターレだけです。

だから、これが「至高神」なんです。

宇宙交流時代のクラウド王の役割とは

武田　素朴《そぼく》な質問になりますが、今、お話しくださっている「リエント・アール・クラウド様」は、「エル・カンターレ」という大きな大きなご存在のなかでは、どのようなお役割、位置づけの神様になるのでしょうか。

リエント・アール・クラウド　もう、ほとんど過去の幻影《げんえい》にしかすぎなくて、今、機能として残っているのは、「宇宙時代の対応部分として生きているところ」ですね。

だから、リエント・アール・クラウドとしての仕事は、もうすでに終わっていて、ないのですけれども、これから来る時代に対する対応として、仕事はあると思っています。

まだ説かれていない法、それから、「宇宙の法」のなかで、「どういうふうに正しさを選び取っていくか」ということを考えると、まずは、「どのような宇宙人が存在して、どのような考え方をして、どういうことを正義としているか。その宇宙のメシアは、その星のメシアは、どのような教えを説いているのか」

ということをある程度教えた上で、「それが地球的に適合する正義となりうるかどうか」という判定をかけなければいけないわけですね。

このへんの最前線のところを、今、一部担当しているので、これから、もう少し私の仕事の出番があるのかなというふうに思っています。

「エル・カンターレの法」の確立と、今という時代の意味

武田　先ほど、「時間は循環していて、すべてを知っているのはエル・カンターレだけである」ということをお伺いしました。
そして、これは一直線の時間の流れにおける出来事かもしれませんが、現代は、地球神エル・カンターレのご本体意識が一億五千万年ぶりにご降臨《こうりん》され、日本にお生まれになっている奇跡《きせき》の瞬間《しゅんかん》だと思います。

この「今」という時代の意味について、リエント・アール・クラウド様からお話しいただきたいと思います。

リエント・アール・クラウド　うーん。これは、私が説くようなことではないのではないかと思われます。ご自身の考えで、「エル・カンターレの法」を確立されるときにお説きになるべきかなと思っています。

私たちは〝タコの足〟のようなもので、〝触手《しょくしゅ》の一本〟にしかすぎないのです。〝触手の一本〟として仕事を与《あた》えられたらしますけれども、「全体として何をやろうとしているのか」についてまでは認識していません。全体として何をしようとされているのかについては、エル・カンターレ自身が、「エル・カンターレの法」を確立されることが大事なのではないかと思います。

その意味では、「今」という時代の意味も、ご自身で定義されるべきではないかというふうに考えています。

9　これから予測される未来、そして人類の選択《せんたく》は？

今、〝グーグル教〟や〝マイクロソフト教〟が立ち上がっている

武田　リエント・アール・クラウド様からご覧になって、この奇跡《きせき》の時代に生きる私たち人類は、どのように生きていくべきなのでしょうか。アドバイスを頂ければと思います。
リエント・アール・クラウド　おそらく、今までのいろいろな時代を見るかぎり、現代でも「選択《せんたく》」によって未来が変わるものはあるのだろうと思うんです

よね。

「分岐点《ぶんきてん》」は何か用意されていると思います。その「分岐点」のところでちゃんとスイッチを切り替《か》えなかったら、文明が違《ちが》うふうに動いていくのかなと思っていますね。

先ほども言いましたように、機械文明の進化はどんどん行っていますけれども、この先にあるものを考えたときに、客観的には「宗教的なるものが滅《ほろ》びていく未来」のほうが視《み》えるんですよ。人間としては、そちらのほうが便利だし、この世以外のことを考えないのは楽ですから。あの世のことなんか考えて生きていられませんのでね。この世のなかをいかに楽に、時間効率よく、まあ、刹《せつ》那《な》的ではあっても幸せに生きられればいいというかたちで……。

あなたがたが有史以後に知っている宗教のかたちではない形態の……、まあ、何と言いますか、〝グーグル教〟、〝アップル教〟、〝アマゾン教〟のようなものが、実は立ち上がっているんだけれども、見えてはいないんですよ。これらは〝グーグル教〟であり、〝アマゾン教〟であり、〝アップル教〟であり、〝マイクロソフト教〟であるのですが、そういう〝教団〟が立ち上がっているということを知らないでいるのです。

これらが持っている活動形態のなかに、たぶん、一定の「人間の選択」を迫《せま》るものが出てくると思うんです。宗教は極《きわ》めて危ない立場に立つだろうと推定していますね。

マスコミに操作されている日本の民主主義政治

リエント・アール・クラウド　例えば、政治のほうだけを取っても、「民主主義政治がいい」と言ってやっていますけれども、もともとは古代ギリシャのアテネにおけるポリス政治で、二、三万人ぐらいの人が直接投票をして、顔を知っている範囲《はんい》で候補者を選んでやっていたわけですから。これは田舎《いなか》の市のレベルでの投票ですね。だから、吉野川《よしのがわ》市長と市議会を選ぶような選挙が民主主義であって、実際に知ることができる範囲内だったら、それは選べましょうね、人をね。

ただ、日本全体とかいうことになったら選べない。分からないし、会えないしね。だから、「テレビに出ること」というのが重要条件の一つになりますよね。それから、大手新聞によって伝えられることも重要条件ですね。あと、週刊誌。だいたい、テレビ、大手新聞、それからメジャーな週刊誌、このあたりが政治家を決めるための情報提供をして、操作していますよね。

これだって、客観的に言えば、マスコミのあり方について民主主義的な定義がなされていない状況下《じょうきょう》で、すでに操作されているようにはなっていますわね。例えば、あなたがたは幸福実現党をつくって八年ほど活動してきたけれども（収録当時）、あまり思わしくない結果にはなっています。影響《えいきょう》は一部、文化的には与《あた》えているかもしれないけれども、自分たちの組織としての存続については、十分に危険信号がともっている状態かと思いますね。

そのなかでも、例えば、税金に対しては、「税金を下げるべきだ」というような見解をずっと出していますけれども、日本のマスコミ業界のほうが、大手テレビ局、それから大手新聞社、新聞社とテレビ局もまた、資本系列的にそれぞれつながっているものですので、「増税すべきだ」という見解で固まっている。政府与党《よとう》、まあ、野党もそうでしたけれども、そういうふうな〝密約〟を取り付けている。

本当は、国民に対して情報をフェアに提供しなければいけないマスコミが、「増税」ということで固まっている。「増税しなければ、財政再建できない」という考えで固まっている。

だから、あなたがたがいくら挑戦《ちょうせん》しても、「税金を下げる」ということを言っている以上、「それでは財政再建ができないから、これは相手にしない」ということで一致《いっち》しているわけですね。だから、取り上げない。大手紙で（幸福の科学の）書籍《しょせき》の広告以外は取り上げない。読む人は少ないということですよね。

あとは、テレビ局では政党（幸福実現党）の活動を取り上げない。

ということは、現代においては自動的に、当選しないことがもう決まっているということなんです。

先ほど言ったような、二、三万人ぐらいのところだったら、それは直接訴《うった》えれば通りますけれども、日本全体になったら無理です。テレビに出られる人というのは限られていて、それは一部の経営陣《じん》にコントロールされている人たちなので、そちらが善悪を判断しています。「この判断は間違っていると言うのであれば、受け入れない」ということで、通れないことになっているわけですね。これにあなたがたは勝てないでいる。

巨大《きょだい》マスコミによる僭主《せんしゅ》政治

リエント・アール・クラウド　民主主義の原理は、実際は王権神授説《おうけんしんじゅせつ》的なものの、まあ、天使が王様になったような政治がなされればよくなるのかもしれないけれども、「悪王になったら、これは大変な恐怖《きょうふ》政治になり、専制政治になる。悪王を取り除くためには、民主主義による反対の意見や批判を聴《き》かなければいけないのだ」ということだったけれども、民衆の不満だけでなくて、今度は〝第二の組織〟が出来上がっていて、これをコントロールできないでいるわけですね。

新聞社であろうとテレビ局であろうと、その株式を取得するのは、そんなに簡単なことではありませんできないようになっていますからね。

だから、一部の僭主《せんしゅ》政治ですね。巨大《きょだい》マスコミによる僭主政治が行われている。五十万部程度の部数の週刊誌あたりで、大臣のクビぐらいは十分に飛ばせるほどの力を持っている。

これは誰《だれ》も任命していない。匿名《とくめい》で書いている。誰が書いているか分からない。顔が見えない。編集長の顔も分からない。でも、誰が書いても同じような記事に見える。一人の人が書いているように見える。統一体として書かれている。数十人ぐらいがつくっているものが、大臣ぐらいのクビをけっこう切ってしまうものになっていますね。

このなかにおいて、あなたがたは宗教政党をつくっても、それは通らないことになっていますよね。だから、十分に宗教に対するブロックにはなっている。では、「それ以外のミニメディア的に発達しているようなインターネット系の媒体《ばいたい》だったら味方になるか」といっても、その先に待っているものは、「宗教を伸《の》ばすものではなくて、否定するもののほうが勝つことになる」と思います。だから、宗教にとっては、未来は限りなく厳しいものがある。

このなかにおいて、もう、「精神」なんか存在しなくてもいいわけです。この世が便利になるように、便利になるようにと、全部、組み立てがいっているので。まあ、それに対抗《たいこう》するだけの思想を打ち出せるかどうかというようなことは、極めて厳しい現状なのではないかと思いますね。

だから、宗教だとは思われていない、「別の新しいかたちの〝宗教〟」が、実は立ち上がっているのだということを知っておいたほうがいい。このなかで生き残ることは厳しい。

だから、われわれも、「もしかしたら、初代の一代で終わるかもしれない」という危険は、最近は特に感じているわけで。初代が一代説いて、あとは、思想の影響が、どのようなかたちで散逸《さんいつ》しないで遺《のこ》せるかだけの問題で、新しい波に呑《の》み込《こ》まれる可能性が極めて高いとは思っている。

ある意味では、時代の選択としては、時代を変えるよりも、「最後の津波《つなみ》に呑み込まれる前の『最後の宗教』になる可能性も極めて高い」ということは言っておかねばならないかと思っています。

「一神教のイスラム国家」と「唯物論《ゆいぶつろん》の中国」の帰趨《きすう》が大きな指標になると思います。

酒井　それを防ぐための弟子《でし》の心得《こころえ》をお聞かせいただければと思います。

リエント・アール・クラウド　（約五秒間の沈黙《ちんもく》。小声でため息をつく感じで）うーん、まあ、今の立場は、圧倒的《あっとう》に不利です。圧倒的に不利で。

たとえ、「宇宙人の飛来」とか予言をしたところで、実際にそういう現実が世界に迫ってきたときに、それに立ち向かえるのは唯物論《ゆいぶつろん》の科学者たちのほうです。実際には、そういう人たちがそれに立ち向かうのであって、あなたがたではないはずですね。

政治についてご神託《しんたく》を降ろしても、やるのは現職の政治家がやっているというのと同じですね。

だから、弟子たちの置かれている立場は圧倒的に不利です。

もう、「インカ帝国《ていこく》の滅亡《めつぼう》」のような感じに近いかなと思っています。密林で覆《おお》われて、痕跡《こんせき》もなくなる可能性は極めて高い。

酒井　拠《よ》って立つところは、やはり、主エル・カンターレ、大川隆法総裁の教えだと思うのですけれども、最後に、主の直説金口《じきせつこんく》を賜《たまわ》ることができるということの意味について、リエント・アール・クラウド様からお教えいただければと思います。

リエント・アール・クラウド　残念ながら、「一人の人間の持つ力」は、現代、どんどんどんどん〝小さく〟なっていっています。地球人口も増えていますので、小さくなっています。それを、昔のように影響を与えようとすれば、今はメディアの力を使わないかぎり不可能ですが、メディアの力を使うには、なかなか十分な機能を取り入れることはできていない。

「宗教自身が自分のメディアで広げられないかぎり勝てない」ことになっているので。職業的ジャーナリズムに勝てない現状においては極めて不利で、無理をすれば弾圧《だんあつ》を受けることにはなるだろうというふうに思っております。

しかし、私たちは、数多くの文明が盛衰《せいすい》を繰《く》り返してきたのを見てきているので、それについてあれこれ言う気は、もう、あまりないのであってね。

まあ、「人類の選択」なので。人類の多くが神を必要としていないんですよ。カント以降、神を必要としていないので、神の首を斬《き》った。カントが斬って、あと、「神なき世界」のなかで、ロックだとかヒュームだとか、それからルソー、こんなような人からあとの近代の流れのなかで、「地上の賢《かしこ》いエリートたちが考えた『契約思想《けいやくしそう》』でもってやっていったほうが、世の中うまくいく」という思想で、今、行《い》っているわけですよ。

だから、この流れは、最終的には、「基本的に人工知能が決めるものどおりにやれば、うまい社会ができる」という考えに、必ず行きますよ。出来上がる社会は、「ミツバチの社会」や「アリの社会」と同じような社会でしょうね。そこから異端《いたん》な者が出れば、やはり、排除《はいじょ》される可能性は極めて強いと思いますね。

あなたがたの思想も、広がれば、「カント以前」に戻《もど》ろうとする運動にしか見えないはずなので、「時代はもっと進んでいるのだ」ということですね。「時代はもっともっと進んで、哲学《てつがく》は全部『0』と『1』という数字だけで表せる記号論理学的な哲学に変わってしまっているのだ。宗教は成り立たないのだ」というような世界に、もう入っているのです。そのほうが便利だし、有利だし、すべてのものが機械を通じてやれるようになっているわけですね。

だから、うーん、「イスラム教と、中国の唯物論とがどうなるか」ということが、意外に大きな指標にはなるとは思いますけれども。「九十九パーセント以上の信仰《しんこう》を持っているイスラム教徒（の国々）が、『後《おく》れた文明の人々』として滅ぼされる時代が、もうすぐ来るかもしれない」ということが一つあると同時にですね、「唯物論の中国が世界をリードし始めたときには、どうなるか」

という問題もあります。

それから、アメリカの科学者たちも〝神を捨て始めて〟はいます。

このなかで「神の力」を説くのは、極めて難しいことだと思っています。困難さは、年を加えるごとに増えています。

「文明の消滅《しょうめつ》」に瀕《ひん》し、人類は神の名を呼ぶしかなくなる?

リエント・アール・クラウド　だから、弟子にできることは少ない。ただ、言えることは、「信じるということの大切さを忘れないでいなさい」ということと、「この世的に利益になるものでも、ならなくとも、人を信じ愛するということは大事なのだ」ということを知りなさいということですかね。

そうしたつながりを失って、完全に「人間機械論」を憲法に書き込むようになってきたら、宗教としては一定の〝死滅《しめつ》〟を迎《むか》えることになるということですね。

これに抗するだけの、これに対して抗《あらが》うだけの力が幸福の科学にあるかどうかに対しては、極めて疑問です。すでにあなたがたは敗れているかもしれません。実際には、もう、すでに敗れているかもしれないと思います。

だから、歴史のなかの記憶《きおく》としてのみ遺る可能性は高いと考えております。これ以上のものを求めるのであれば、現代科学以上の確率の高い奇跡を起こせないかぎりは難しいかなというふうに考えております。

また、人類はね、地震《じしん》とか津波とかを起こすような神様を、もう信じる気はないんですよ。そういうものを起こさないようにするコンピュータの予報のほうが、よっぽど助かるんですよ。だから、闘《たたか》っているんです。闘っているんですけど、勝率はどんどん分《ぶ》が悪くなっています。

ＡＩが進化して、将棋《しょうぎ》の有段者が負け始めたあたりから、名人も負けるところまで来るのに、あっという間でしたから、数年で行っていますから。これから先に来るものというのは、私には、もう、「宗教を信じない人たちの大群」が来るように見えてしようがない。

その先に来るのは何か。

これは、私が言うのは越権《えっけん》かもしれませんけれども、「文明の消滅」だと思います。だから、天変地異、大陸の陥没《かんぼつ》、その他、人類が神の名を呼ぶしかないような時代が来るような気がして、しかたがありません。

そうならないかたちで、人類が「新しい選択」をされることを望みたいと思いますが、今のところ、可能性としては極めて低いとしか言いようがありません。
酒井　はい。ありがとうございました。信者一同、リエント・アール・クラウド様のお言葉を胸に、この困難を突破《とっぱ》すべく、努力精進《しょうじん》してまいります。
リエント・アール・クラウド　はい。
酒井　本日は、まことにありがとうございました。

10　文明崩壊《ほうかい》への危惧《きぐ》を示したクラウド王の霊言《れいげん》

大川隆法　（手を二回叩《たた》く）（クラウド王が）まとまって話をしてくれたのは初めてですので、何とか、これを遺《のこ》しておかなければいけないでしょうね。

残りの魂《たましい》の分身についても、手抜《てぬ》きをしないでやるべきなのだろうと思います。トスなども、指導霊《しどうれい》としてはずいぶんやってくれているのですが、「トスの時代はどうだったのか」とか、「オフェアリスの時代はどうだったのか」など、丁寧《ていねい》に掘《ほ》り起こしておかないといけないのかもしれません。

オフェアリスなどは、実は「復活の思想」とも関係があるわけですが、〝バラバラ殺人事件〟のようなことがあって、現代の推理仕立ての犯罪ドラマとよく似ていなくもありません。そのため、何となく、「あまりやりたくないな」という気持ちもあって、●嫌《いや》がってはいたのです。

ただ、先ほど言ったエル・カンターレの〝触手《しょくしゅ》〟の部分、〝手足〟の部分が何であったのかは、明らかにしていったほうがよいのかもしれませんね。

もう少し時間があれば、最後に「エル・カンターレの法」として完成させていかなければいけないのかなとは思いますが、今の予想から見ると、広がるというよりは、それを巻物《まきもの》にして、持って逃《に》げるという感じに近いかもしれません。「世界各地で巻物を持って隠《かく》れよ」という感じにやや近そうであり、現代文明の発展に勝てない可能性のほうが高いようではあります。まあ、「隠者《いんじゃ》の時代」もあるかもしれませんね。

●**嫌がっては……**　その後、2018年1月17日に、「オフェアリス神の教えとは何か」が収録された。

文明の崩壊《ほうかい》になるのかどうか、これは、今、生きている人には言わないでしょう。これについては分からないと思います。

若干《じゃっかん》、悲観的な部分もあったかとは思いますけれども、その程度、気持ちを引き締《し》めておいたほうがよいかもしれませんね。

質問者一同　本日は、まことにありがとうございました。

あとがき

私の霊言集などを読み続けているとおわかりになるだろうが、はるかなる過去に、王であり、かつ、神官であった方で、人々の幸福のために尽《つ》くした方々《かたがた》が、〝神〟と呼ばれているものの正体《しょうたい》である。そしてその人は、たいてい、超《ちょう》越《えつ》した霊能力を持っている。

このリエント・アール・クラウドという古代インカの王も、私たちの教義の中では、「宇宙への神秘の鍵」を握《にぎ》っているとされる。私が「宇宙人リーディング」と呼ぶ、地球以前の対象個人の宇宙での転生輪廻《てんしょうりんね》を霊査する場合は、半分ぐらいは、このクラウド霊が指導霊を行《おこな》っている。

「宇宙の法」については、これからもっともっと詳《くわ》しく述べられていく予定である。そのためにも、私は人々に「信仰心」の復興《ふっこう》を呼びかけている。今の唯物論化《ゆいぶつろんか》した学問では、もう未知の領域《りょういき》への探究は限界が来ていることを悟るべきである。

二〇一八年　一月二十六日
幸福《こうふく》の科学《かがく》グループ創始者兼総裁《そうししゃけんそうさい》　大川隆法《おおかわりゅうほう》

『公開霊言　古代インカの王 リエント・アール・クラウドの本心』

大川隆法著作関連書籍

『太陽の法』（幸福の科学出版刊）
『ユートピア創造論』（同右）
『アトランティス文明の真相――大導師トス アガシャー大王 公開霊言――』（同右）
『マイティ・ソーとオーディンの北欧神話を霊査する』（同右）
『「宇宙の法」入門』（同右）

※左記は書店では取り扱っておりません。最寄りの精舎・支部・拠点までお問い合わせください。
『大川隆法霊言全集 第6巻 モーセの霊言／アモンの霊言／リエント・アール・クラウドの霊言』（宗教法人幸福の科学刊）

公開霊言《こうかいれいげん》　古代《こだい》インカの王《おう》
リエント・アール・クラウドの本心《ほんしん》

2018年 2 月 7 日　初版第 1 刷
2018年 4 月27日　　　第 2 刷

著　者　　大《おお》　川《かわ》　隆《りゅう》　法《ほう》

発行所　　幸福の科学出版株式会社
〒107-0052 東京都港区赤坂 2 丁目 10 番 14 号
TEL(03)5573-7700
http://www.irhpress.co.jp/

印刷・製本　株式会社 研文社

落丁・乱丁本はおとりかえいたします

ISBN978-4-86395-982-8 C0014
カバー Juergen Faelchle/shutterstock.com ／ Standret/shutterstock.com
The World in HDR/shutterstock.com
p.30 Lukasz Kurbiel/shutterstock.com ／ p.46 Cyntia Motta ／ AFP ＝時事

大川隆法霊言シリーズ・古代文明の秘密・現代文明への警鐘

アトランティス文明の真相

大導師トス　アガシャー大王　公開霊言

信仰と科学によって、高度な文明を築いたアトランティス大陸は、なぜ地上から消えたのか。その興亡の真相がここに。

1,200円

マイティ・ソーとオーディンの北欧神話を霊査する

「正義」と「英雄」の時代が再びやってくる──。巨人族との戦い、魔術と科学、宇宙間移動など、北欧神話の神々が語る「失われた古代文明」の真実。

1,400円

「ノアの箱舟伝説」は本当か

大洪水の真相

人類の驕りは、再び神々の怒りを招くのか!?大洪水伝説の真相を探るなかで明らかになった、天変地異や異常気象に隠された天意・神意とは。

1,400円

※表示価格は本体価格（税別）です。

大川隆法霊言シリーズ・古代文明の秘密・現代文明への警鐘

ゾロアスターとマイトレーヤーの降臨

知られざる神々の真実

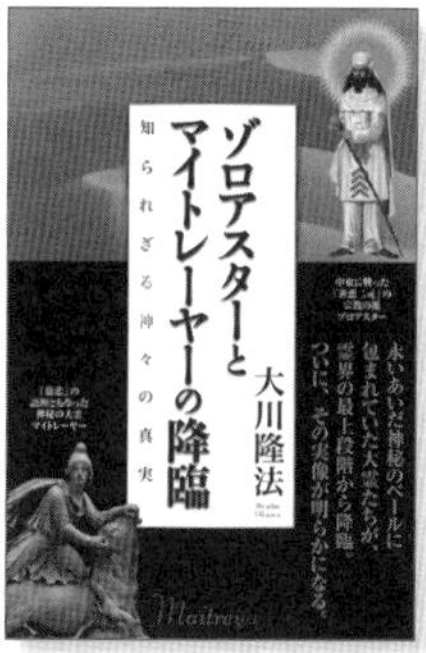

なぜ、宗教戦争は終わらないのか。地球の未来はどうなっていくのか。公開霊言によって、霊界のトップ・シークレットの一端が明らかに。

1,300円

神々が語る レムリアの真実

ゼウス・マヌが明かす古代文明の秘密

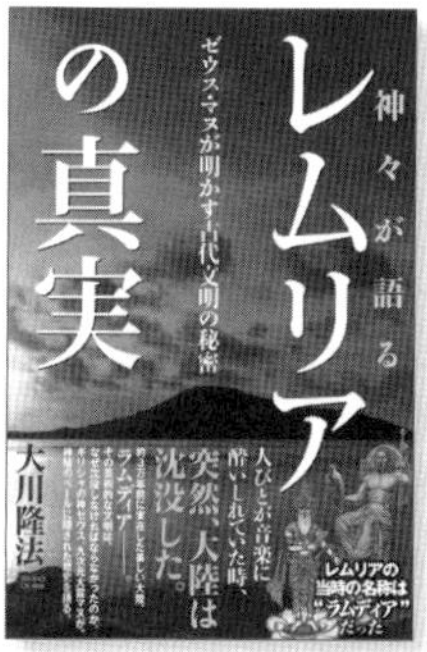

約3万年前に実在した大陸レムリア（ラムディア）の真実の姿とは。九次元霊ゼウス、マヌが神秘に包まれていた歴史を語る。

1,500円

トス神降臨・インタビュー アトランティス文明・ピラミッドパワーの秘密を探る

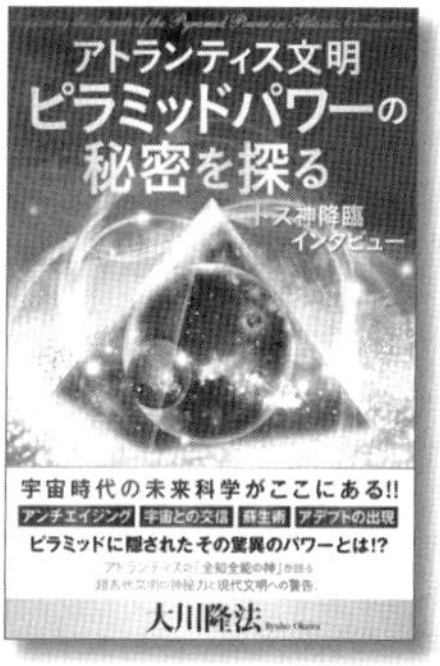

アンチエイジング、宇宙との交信、死者の蘇生、惑星間移動など、ピラミッドが持つ神秘の力について、アトランティスの「全智全能の神」が語る。

1,400円

大川隆法ベストセラーズ・宇宙時代の到来に向けて

「宇宙の法」入門

宇宙人とUFOの真実

あの世で、宇宙にかかわる仕事をしている6人の霊人が語る、驚愕の真実。宇宙から見た「地球の使命」が明かされる。

1,200円

ザ・コンタクト

すでに始まっている「宇宙時代」の新常識

宇宙人との交流秘史から、アブダクションの目的、そして地球人の魂のルーツまで——。「ＵＦＯ後進国ニッポン」の目を覚ます鍵がここに！

1,500円

ダークサイド・ムーンの遠隔透視

特別装丁
函入り

月の裏側に隠された秘密に迫る

地球からは見えない「月の裏側」には何が存在するのか？ アポロ計画中止の理由や、2013年のロシアの隕石落下事件の真相など、驚愕の真実が明らかに！

10,000円

※表示価格は本体価格（税別）です。

大川隆法霊言シリーズ・未来科学の扉を開く

ニュートンの科学霊訓

「未来産業学」のテーマと科学の使命

人類の危機を打開するために、近代科学の祖が示す「科学者の緊急課題」とは──。未知の法則を発見するヒントに満ちた、未来科学への道標。

1,500円

トーマス・エジソンの未来科学リーディング

タイムマシン、ワープ、UFO技術の秘密に迫る、天才発明家の異次元発想が満載! 未来科学を解き明かす鍵は、スピリチュアルな世界にある。

1,500円

アインシュタイン「未来物理学」を語る

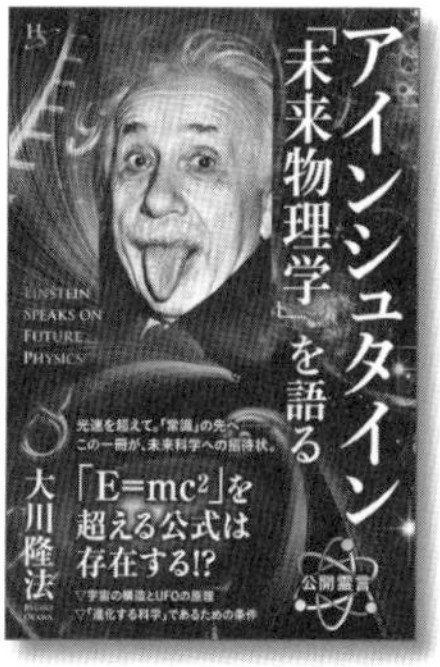

20世紀最大の物理学者が明かす、「光速」の先──。ワームホールやダークマター、UFOの原理など、未来科学への招待状とも言える一冊。

1,500円

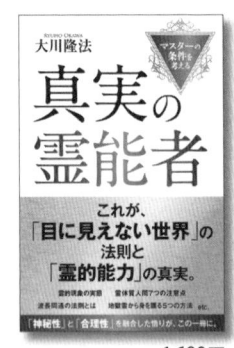

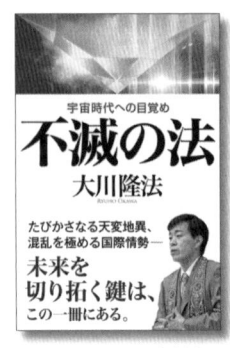

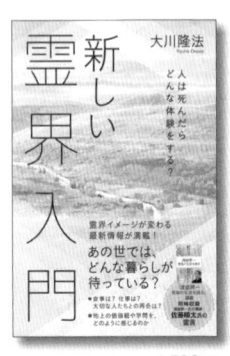

大川隆法シリーズ・**最新刊**

心が豊かになる法則

幸福とは猫のしっぽのようなもの――
「人格の形成」と「よき習慣づくり」をすれば、成功はあとからついてくる。
人生が好転する必見のリバウンド法。

1,500円

文在寅守護霊 vs. 金正恩守護霊

南北対話の本心を読む

南北首脳会談で北朝鮮は非核化されるのか？　南北統一、対日米戦略など、対話路線で世界を欺く両首脳の本心とは。
外交戦略を見直すための警鐘の一冊。

1,400円

知られざる天才作曲家 水澤有一「神秘の音楽」を語る

古代文明の旋律、霊界の調べ、邪気を祓う"結界"音楽――。幸福の科学の音楽を手がける天才作曲家が、現代芸術の常識を覆す、五感を超えた音楽論を語る。

1,400円

努力を重ねた平凡な日々も。
大切な人と過ごした時間も。
ただひとり眠れぬ夜も──。
いつも、“何か”を求めていた。
あなたを信じて、
ほんとうによかった。
製作総指揮・原案／大川隆法
大川宏洋　千眼美子
石橋保　芦川よしみ　日向丈　山田明郷　野久保直樹
長谷川奈央　梅崎快人　伊良子未來　希島凛　ビートきよし　大浦龍宇一　高杉亘　木下ほうか
監督／赤羽博　音楽／水澤有一　製作／幸福の科学出版　製作協力／ニュースター・プロダクション　アリ・プロダクション
制作プロダクション／ジャンゴフィルム　配給／日活　配給協力／東京テアトル　©2018 IRH Press

幸福の科学グループのご案内

宗教、教育、政治、出版などの活動を通じて、地球的ユートピアの実現を目指しています。

幸福の科学

一九八六年に立宗。信仰の対象は、地球系霊団の最高大霊、主エル・カンターレ。世界百力国以上の国々に信者を持ち、全人類救済という尊い使命のもと、信者は、「愛」と「悟り」と「ユートピア建設」の教えの実践、伝道に励んでいます。

（二〇一八年四月現在）

愛

幸福の科学の「愛」とは、与える愛です。これは、仏教の慈悲《じひ》や布施《ふせ》の精神と同じことです。信者は、仏法真理をお伝えすることを通して、多くの方に幸福な人生を送っていただくための活動に励んでいます。

悟り

「悟り」とは、自らが仏の子であることを知るということです。教学《きょうがく》や精神統一によって心を磨き、智《ち》慧《え》を得て悩みを解決すると共に、天使・菩薩《ぼさつ》の境地を目指し、より多くの人を救える力を身につけていきます。

ユートピア建設

私たち人間は、地上に理想世界を建設するという尊い使命を持って生まれてきています。社会の悪を押しとどめ、善を推し進めるために、信者はさまざまな活動に積極的に参加しています。

国内外の世界で貧困や災害、心の病で苦しんでいる人々に対しては、現地メンバーや支援団体と連携して、物心両面にわたり、あらゆる手段で手を差し伸べています。

年間約３万人の自殺者を減らすため、全国各地で街頭キャンペーンを展開しています。
公式サイト **www.withyou-hs.net**

ヘレン・ケラーを理想として活動する、ハンディキャップを持つ方とボランティアの会です。視聴覚障害者、肢体不自由な方々に仏法真理を学んでいただくための、さまざまなサポートをしています。
公式サイト **www.helen-hs.net**

入会のご案内

幸福の科学では、大川隆法総裁が説く仏法真理《ぶっぽうしんり》をもとに、「どうすれば幸福になれるのか、また、他の人を幸福にできるのか」を学び、実践しています。

入会

仏法真理を学んでみたい方へ

大川隆法総裁の教えを信じ、学ぼうとする方なら、どなたでも入会できます。入会された方には、『入会版「正心法語」』が授与されます。
ネット入会 入会ご希望の方はネットからも入会できます。
happy-science.jp/joinus

三帰《さんき》誓願《せいがん》

信仰をさらに深めたい方へ

仏弟子としてさらに信仰を深めたい方は、仏《ぶっ》・法《ぽう》・僧《そう》の三宝《さんぽう》への帰依を誓う「三帰誓願式」を受けることができます。三帰誓願者には、『仏説・正心法語《しょうしんほうご》』『祈願文《きがんもん》①』『祈願文②』『エル・カンターレへの祈り』が授与されます。

幸福の科学 サービスセンター
TEL 03-5793-1727
受付時間／火～金：10～20時 土・日祝：10～18時
幸福の科学 公式サイト
happy-science.jp

教育

ハッピー・サイエンス・ユニバーシティ
Happy Science University

ハッピー・サイエンス・ユニバーシティとは

ハッピー・サイエンス・ユニバーシティ(HSU)は、大川隆法総裁が設立された「現代の松下村塾」であり、「日本発の本格私学」です。
建学の精神として「幸福の探究と新文明の創造」を掲げ、チャレンジ精神にあふれ、新時代を切り拓く人材の輩出を目指します。

学部のご案内

人間幸福学部

人間学を学び、新時代を切り拓くリーダーとなる

経営成功学部

企業や国家の繁栄を実現する、起業家精神あふれる人材となる

未来産業学部

新文明の源流を創造するチャレンジャーとなる

HSU長生キャンパス
〒299-4325
千葉県長生郡長生村一松丙 4427-1
TEL 0475-32-7770

未来創造学部

時代を変え、未来を創る主役となる

政治家やジャーナリスト、ライター、俳優・タレントなどのスター、映画監督・脚本家などのクリエーター人材を育てます。4年制と短期特進課程があります。

・4年制
1年次は長生キャンパスで授業を行い、2年次以降は東京キャンパスで授業を行います。
・短期特進課程(2年制)
1年次・2年次ともに東京キャンパスで授業を行います。

HSU未来創造・東京キャンパス
〒136-0076
東京都江東区南砂2-6-5
TEL 03-3699-7707

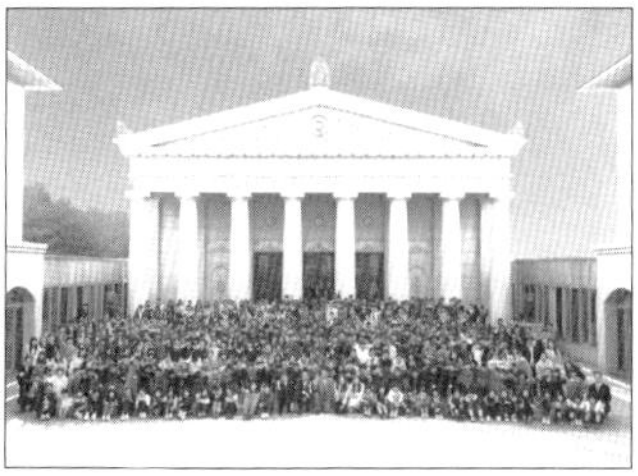

学校法人 幸福の科学学園

学校法人　幸福の科学学園は、幸福の科学の教育理念のもとにつくられた教育機関です。人間にとって最も大切な宗教教育の導入を通じて精神性を高めながら、ユートピア建設に貢献する人材輩出を目指しています。

幸福の科学学園
中学校・高等学校（那須本校）
2010年4月開校・栃木県那須郡（男女共学・全寮制）
TEL **0287-75-7777**
公式サイト **happy-science.ac.jp**
関西中学校・高等学校（関西校）
2013年4月開校・滋賀県大津市（男女共学・寮及び通学）
TEL **077-573-7774**
公式サイト **kansai.happy-science.ac.jp**

仏法真理塾「サクセスNo.1」 TEL **03-5750-0747**（東京本校）
小・中・高校生が、信仰教育を基礎にしながら、「勉強も『心の修行』」と考えて学んでいます。

不登校児支援スクール「ネバー・マインド」 TEL **03-5750-1741**
心の面からのアプローチを重視して、不登校の子供たちを支援しています。
また、障害児支援の「**ユー・アー・エンゼル！」運動**も行っています。

エンゼルプランV TEL **03-5750-0757**
幼少時からの心の教育を大切にして、信仰をベースにした幼児教育を行っています。

シニア・プラン21 TEL **03-6384-0778**
希望に満ちた生涯現役人生のために、年齢を問わず、多くの方が学んでいます。

NPO
活動支援

いじめから子供を守ろうネットワーク

学校からのいじめ追放を目指し、さまざまな社会提言をしています。また、各地でのシンポジウムや学校への啓発ポスター掲示等に取り組む一般財団法人「いじめから子供を守ろうネットワーク」を支援しています。

公式サイト **mamoro.org**
ブログ **blog.mamoro.org**
相談窓口 **TEL.03-5719-2170**

政治

幸福実現党

内憂外患《ないゆうがいかん》の国難に立ち向かうべく、2009年5月に幸福実現党を立党しました。創立者である大川隆法党総裁の精神的指導のもと、宗教だけでは解決できない問題に取り組み、幸福を具体化するための力になっています。

幸福実現党 釈量子サイト
shaku-ryoko.net
Twitter
釈量子@shakuryoko
で検索

党の機関紙
「幸福実現NEWS」

幸福実現党 党員募集中

あなたも幸福を実現する政治に参画しませんか。

○幸福実現党の理念と綱領、政策に賛同する18歳以上の方なら、どなたでも参加いただけます。
○党費:正党員(年額5千円[学生 年額2千円])、特別党員(年額10万円以上)、家族党員(年額2千円)
○党員資格は党費を入金された日から1年間です。
○正党員、特別党員の皆様には機関紙「幸福実現NEWS(党員版)」が送付されます。

*申込書は、下記、幸福実現党公式サイトでダウンロードできます。
住所:〒107-0052 東京都港区赤坂2-10-8 6階 幸福実現党本部
TEL **03-6441-0754** FAX **03-6441-0764**
公式サイト **hr-party.jp** 若者向け政治サイト **truthyouth.jp**

幸福の科学出版

出版
メディア
事業

大川隆法総裁の仏法真理の書を中心に、ビジネス、自己啓発、小説など、さまざまなジャンルの書籍・雑誌を出版しています。他にも、映画事業、文学・学術発展のための振興事業、テレビ・ラジオ番組の提供など、幸福の科学文化を広げる事業を行っています。

アー・ユー・ハッピー？
are-you-happy.com

ザ・リバティ
the-liberty.com

幸福の科学出版
TEL **03-5573-7700**
公式サイト **irhpress.co.jp**

THE FACT
ザ・ファクト
マスコミが報道しない
「事実」を世界に伝える
ネット・オピニオン番組

Youtubeにて
随時好評
配信中！

ザ・ファクト 検索

芸能文化
事業

NEW STAR PRODUCTION

ニュースター・プロダクション

「新時代の"美しさ"」を創造する芸能プロダクションです。2016年3月に映画「天使に"アイム・ファイン"」を、2017年5月には映画「君のまなざし」を公開しています。

公式サイト **newstarpro.co.jp**

ARI Production

ARI《アリ》 Production《プロダクション》

タレント一人ひとりの個性や魅力を引き出し、「新時代を創造するエンターテインメント」をコンセプトに、世の中に精神的価値のある作品を提供していく芸能プロダクションです。

公式サイト **aripro.co.jp**

大川隆法　講演会のご案内

大川隆法総裁の講演会が全国各地で開催されています。
講演のなかでは、毎回、「世界教師」としての立場から、幸福な人生を生きるための心の教えをはじめ、世界各地で起きている宗教対立、紛争、国際政治や経済といった時事問題に対する指針など、日本と世界がさらなる繁栄の未来を実現するための道筋が示されています。

2017年8月2日 東京ドーム「人類の選択」

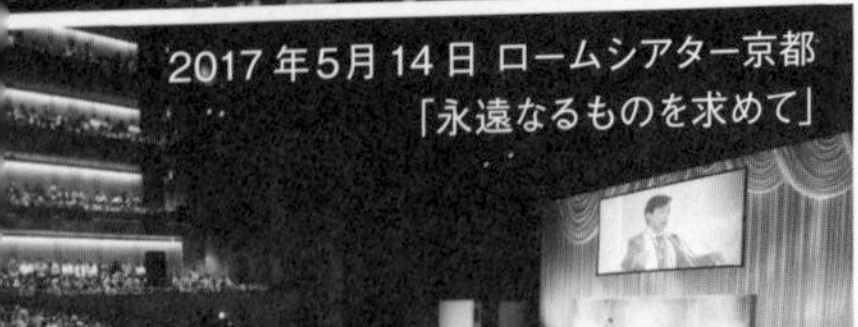
2017年5月14日 ロームシアター京都「永遠なるものを求めて」

2017年4月23日 高知県立県民体育館「人生を深く生きる」

2018年2月3日 都城市総合文化ホール(宮崎県)「情熱の高め方」

2017年12月7日 幕張メッセ(千葉県)「愛を広げる力」

講演会には、どなたでもご参加いただけます。
最新の講演会の開催情報はこちらへ。⟹
大川隆法総裁公式サイト
https://ryuho-okawa.org

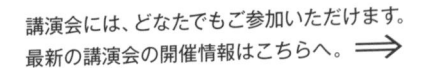